古代歷史文化 研究輯刊

七 編

王 明 蓀 主編

第17冊

清代總督制度

傅 光 森 著

國家圖書館出版品預行編目資料

清代總督制度／傅光森 著 — 初版 — 新北市：花木蘭文化出
版社，2012〔民 101〕
目 2+162 面；19×26 公分
（古代歷史文化研究輯刊 七編；第 17 冊）
ISBN：978-986-254-827-1（精裝）
1. 中國政治制度　2. 軍事行政　3. 清代
618　　　　　　　　　　　　　　　　　101002892

ISBN-978-986-254-827-1

9 789862 548271

古代歷史文化研究輯刊
七　編　第十七冊　　　　　ISBN：978-986-254-827-1

清代總督制度

作　　者　傅光森
主　　編　王明蓀
總 編 輯　杜潔祥
出　　版　花木蘭文化出版社
發 行 所　花木蘭文化出版社
發 行 人　高小娟
聯絡地址　新北市永和區中正路五九五號七樓
　　　　　電話：02-2923-1455／傳眞：02-2923-1452
網　　址　http://www.huamulan.tw 信箱 sut81518@gmail.com
印　　刷　普羅文化出版廣告事業
初　　版　2012 年 3 月
定　　價　七編 24 冊（精裝）新台幣 38,000 元

清代總督制度

傅光森　著

作者簡介

傅光森，1958年出生於臺灣南投，淡江大學歷史學系學士，東海大學歷史研究所碩士，中興大學歷史學博士。現為中國醫藥大學、朝陽科技大學、中臺科技大學、勤益科技大學、弘光科技大學兼任助理教授。曾擔任教育部助理秘書、臺灣高等法院臺中分院科員、臺南藝術大學秘書、國立臺灣美術館股長、臺灣省文獻委員會組長、國史館臺灣文獻館編纂等公職。自幼即對史地有著濃厚興趣，追隨東海大學古鴻廷教授研讀清代官制，並在其指導下，完成碩士論文《清代總督制度》，後師事中興大學王明蓀教授攻讀蒙元史專業，以《元朝中葉中央權力結構與政治生態》取得博士學位。近年來研究方向，主要集中在蒙古語直譯體史料《元典章》及波斯語伊兒汗國史料《瓦薩夫書》的解讀。

提　要

本文首章為「建置」，清代總督轄區建置沿革的演變，可分為延續與變革及常制與穩定前後二期。乾隆二十五年以前轄區變化相當複雜，之後轄區則大體固定。各總督轄區之裁併分合，員額多寡增減狀況，在順治元年（1644）僅有三員總督，但順治十八年（1661）到康熙四年（1665）則有十七員總督，康熙六十年（1721）則僅有八位總督。乾隆二十五年以後則總督轄區變化較小，總督員額約維持在十一員左右。

第二章為「人物」，詳述六百八十六位總督的籍貫與出身背景，分旗籍分析與出身分析二節。從順治到乾隆的前面四個時期，旗籍的考量較受到朝廷的重視，順治、康熙時期總督大部分是明朝降將出身的漢軍八旗將領，到了雍正與乾隆時期，總督大部分又成為滿洲權貴子弟為多：而從嘉慶到宣統的後期六個皇帝任內，出身的考量成為任用的考慮重點，總督又大部分為漢人進士出身或有軍功的將領出任。

第三章為「人事遞嬗」，探討六百八十六位總督甄補途徑及總督與總督之間的遷轉情形，分甄補途徑與陞遷轉調二節。總督從甄補與遷轉過程，慢慢形成地方最重要的官僚體系。前期著重的是甄補途徑，強調中央與地方的關係；後期著重的是總督與總督之間的遷轉，單地單任者是有其專業考量，而多地多任者則有其功能考量。

第四章為「權力」，探討總督權力的演進，分為分割型權力與整體型權力二節。初期總督的權力有限，單純的加銜制度以監督地方與統率綠營標兵督導糧餉，職權頗分散；後期的總督衙門權力逐漸擴張，行政權與司法權位階提高，另外軍事權、財政權也逐漸統一集中，尤其湘淮團練興起，總督成為地方勢力最大的軍閥。

第五章為「體系的鞏固」，探討總督體系之形成，分綠營征伐與團勇防衛二節。初期總督只統領部分綠營兵，是征伐體系之一環而已，在大將軍或經略的統領下配合作戰，主要任務為籌餉補給與安民剿逆；後期則統領轄區團勇及綠營兵，是清季國家防衛體系的核心，成為真正地方最重要的疆臣。

目

次

緒　論

　　清朝入關即開始設置「總督」，這是延續明朝的官職。總督成為官制，雖肇置於明代中葉，惟早在魏晉南北朝時期，就有「總督」一詞，當時作動詞用，有統領或監察督導之意。〔註1〕明代前期，有軍事情況，命朝廷大員總督軍務，乃因事而遣，事畢旋罷。明英宗正統六年（1441）正月，命兵部尚書王驥總督軍務，率十五萬大軍，征討雲南麓川叛軍，但此時尚未有「雲南總督」之名稱，王驥的官職仍為「兵部尚書」。〔註2〕

　　到了明代後期，為防範蒙古、滿洲、南蠻之侵擾，南北邊關有較為固定轄區的總督出現。雖然受遣之朝廷大員本職仍為中央都察院、兵部堂官，但已長期駐守邊區，成為具有總攬一方大權的疆臣。明世宗嘉靖二十三年十二月到二十八年五月，翁萬達任「宣大總督」約有四年半時間，此期間翁萬達官職從兵部侍郎兼都察院僉都御史，陞至兵部尚書兼都察院右副都御史，其間都察院兼銜還陞為右都御史，更加為左都御史，但實際上翁萬達一直在宣府、大同、山西轄區總督軍務。〔註3〕

〔註1〕　永瑢，《歷代職官表》，卷50，〈總督巡撫表〉，頁1390載：「晉書前秦載記王二表曰，總督戎機，胡三省通鑑注曰，總督戎機，猶都督中外諸軍事也。魏書李崇傳、北齊書斛律金傳、周書文帝紀，俱有總督字。陳書蕭摩訶傳，吳明徹曰，吾為總督，必須身居其後，亦謂為大都督。」

〔註2〕　張廷玉，《明史》，卷171，〈王驥傳〉，頁4555～4556載：「宣德初，擢兵部右侍郎，代顧佐署都察院。久之，署兵部尚書。九年命為真。正統元年奉詔議邊事，……尋召還，理部事。久之，麓川之役起。麓川宣慰使思任發叛，數敗王師。……六年正月遂拜蔣貴平蠻將軍，李安、劉聚為副，而驥總督軍務，大發東南諸道兵十五萬討之。」

〔註3〕　吳廷燮，《明督撫年表》，卷2，〈宣大〉，頁104～105載：「二十三年，國榷：

清沿明制，建國之初，總督雖已成正式官職，然始終是以中央兵部暨都
察院堂官身分派遣到地方的差職。〔註4〕乾隆四十四年加銜定制之後，總督已
成為清朝地方實際上最高品級之文官。〔註5〕總督通常與巡撫並稱為「督撫」，
皆為封疆大吏。關於清代總督制度之研究，目前已有數篇論文述及，但皆是
總督巡撫並論，而無單獨探討總督官制者。這些論文中以傅宗懋的《清代督
撫制度》最為詳贍，這是他在國立政治大學政治研究所的碩士論文，內容共
分五章，有建置演變、職權、與中央及相互間關係、人物統計分析、權力演
變等項。傅宗懋另有一篇論文〈清代督撫甄補實象之分析〉，討論督撫甄補途
徑與實際狀況。這兩篇論文皆具有開創性價值，但也出現了統計上的盲點，
總督與巡撫是不同的官職，硬將其合為一體來討論，與實象差異甚大。〔註6〕

當然督撫二字，既為會典及其他典籍所並用，包括清廷之上諭等，亦常
見督撫二字。《清史稿疆臣年表》之前言同樣寫著：

> 一國治亂，君相尸之；一方治亂，岳伯尸之。清制：疆帥之重，幾埒
> 宰輔。選材特慎，部院莫儗，蓋以此也。開國而後，勘藩拓邊，率資
> 其用。同治中興，光緒還都，皆非疆帥無與成功。宣統改元，始削其
> 權，則不國矣。唐之方鎮，元之行省，史不表人，識者病之。今表疆
> 臣，先列督撫，附以河漕。東三省外，北盡蒙疆，西極回藏，將軍、

十二月壬午，翁萬達右僉都御史總督宣、大、山西。二十五年，實錄：七月
甲戌，修築大同、宣府邊牆經費，視原估省九萬餘兩，翁萬達陞右都御史，
兼兵部左侍郎。十一月乙丑，謀反宗室充灼等既伏誅，以宣大總督翁萬達密
上變事，追捕無遺，錄功，加萬達左都御史。二十七年，實錄：萬達以捷聞，
上曰：今次總鎮等功，督率官軍，逐斬虜寇，勞績可嘉，萬達陞兵部尚書，
兼右副都御史，總督如故。二十八年，國榷：五月甲戌，總督宣大，兵部尚
書翁萬達還部。」

〔註4〕中央研究院歷史語言研究所現存，清代內閣大庫原藏，《明清檔案》，第 8 冊
（台北：聯經出版事業公司，1986 年），A8-34（2-1）B4087 記載順治五年四
月二十八日題本之二，報告官員之全銜為：欽命總督江南江西河南等處地方
軍務兼理糧餉兵部尚書兼都察院右都御史臣馬國柱謹題。

〔註5〕參見《光緒朝欽定大清會典》，卷七，第 1 頁。總督列文官正二品，為地方文
官最高品級，巡撫及布政使均列從二品。乾隆四十四年以後，總督例加右都
御史銜，成為從一品。另漕運總督與河道總督則同巡撫，例加右副都御史銜，
僅為正二品。

〔註6〕除傅宗懋的《清代督撫制度》（台北：國立政治大學政治研究所碩士論文，1963
年），與〈清代督撫甄補實象之分析〉收錄於《清制論文集》（台北：臺灣商
務印書館，1977 年）外；另有趙希鼎的《清代總督與巡撫》（台北：歷史教學，
1963 年）；還有朱沛蓮的《清代之總督與巡撫》（台北：德志出版社，1967 年）。

都統、參贊、辦事大臣有專地者，皆如疆帥，今並著焉。〔註7〕

雖然督撫在組織職權方面相同處甚多，然其差異之處，必易於疏忽，尤其人事嬗遞之實象，如果合在一起處理，眞相難以清楚反應。所以本文只探討清代總督制度，除非與討論內容相關，例如組織權責方面必須述及外，清代巡撫不在本文研究範圍內。但本文所稱之總督，包括了漕運及河道等不轄直省行政之專職總督在內。

本文撰寫之目的，在求深入瞭解清代總督制度之實際運作情形。蓋法令的規定大都爲概括性的條文，而隨著時代的演變，政治實象和原定的法令規章會有所出入，只有掌握動態資料，分析每個階段的變與不變，才能確實勾勒出整體制度的實狀。

盡力蒐集有關史料成爲初期之首要工作，除《清實錄》、《大清會典》、《清史稿》、《十二朝東華錄》、《清朝通典》等基本史料外，故宮所藏傳稿、傳包，各朝宮中檔奏摺外，耆獻類徵、清史列傳、名人文集筆記等資料均列爲撰寫本文所參考應用。另各種有關清代總督的人物表或年表，亦爲本文重要參考資料。

最早作總督人物表者，爲清末民初江蘇無錫人顏懋功，在其所編著《清代徵獻類編》中，依年次列表，作總督年表三卷，附錄人物表一卷。總督年表除姓名與遷除年月外，並附字號、諡號與鄉里；督臣錄則分滿籍、蒙古籍、漢軍籍及直省漢臣四部分。嚴懋功統計出清代共有五百九十二人曾擔任總督，但經詳細比對查證，年表和附表之人物不甚符合，且有相當差異，記載有矛盾者，初步統計即達數十人之多。惟嚴文的統計資料仍被視爲重要數據，屢爲近代學者討論相關問題所引用。〔註8〕

名學者蕭一山編著《清代通史》五冊，書中附有七表，其中總督巡撫表

〔註7〕　見《清史稿》卷 204〈疆臣年表各省總督河督漕督附〉。

〔註8〕　嚴懋功，《清代徵獻類編》（台北：臺灣中華書局，1968 年），頁 160～165 爲人物附錄。其附錄中有滿臣督臣錄、蒙古籍督臣錄、漢軍旗督臣錄及直省漢臣分錄，共統計出 592 名總督。香港中文大學王德昭教授在其所著《清代科舉制度研究》（香港：中文大學，1982 年）一書中，引用嚴文討論清代總督人物中，進士出身的比例，惟其引用的統計人數爲 595 人，較嚴文附錄人物多了 3 人；另國立臺灣師範大學王家儉教授在其論文《晚清地方行政現代化的探討》（台北：國立臺灣師範大學歷史學報第八期，）一文中，也引嚴文總督人物表之統計，來分析旗、漢總督之比例，其引用之統計人數爲 593 人，較嚴文附錄人物多了 1 人。

分爲四篇，前二篇曰總督上下，上篇記自順治以迄嘉慶，下篇記自道光以迄
宣統。表中以總督人物爲綱，兩旁注其在任年月。本表以地繫人，以人繫年，
使總督與時代地理之關係可以得一綜合之觀念。〔註9〕

　　中央研究院近代史研究員魏秀梅編著《清季職官表附人物錄》一書，此
書所用資料極多，編者又積多年之功，王德昭及劉廣京等知名學者均稱讚其
爲在所定範圍內最豐富之表。惟本書僅以嘉慶、道光、咸豐、同治與光緒等
五朝爲限，前後約一百二十年，不及清代之半。魏秀梅另撰有《從量的觀察
探討清季督撫的人事嬗遞》一文，文中以曾實授及專署之一百七十九位清季
總督之出身背景，詳細分析研究。〔註10〕

　　錢實甫先生編著《清代職官年表》一書，這是一部很詳盡的年表，除有
各職官設置表外，還有具體任職人員姓名及升、降、革、休、死等變動情況，
書後並附有人名錄。本書除總督外，其他重要職官如大學士、尚書、駐防大
臣、提督、巡撫等皆非常詳細，可以相互參看。〔註11〕

　　由國史館與國立故宮博物院共同訂正的《清史稿校註》，採不動原文，以
稿校稿，以卷校卷辦法，凡歧誤紕謬，或同因異譯，皆逐條考訂，並註其出
處。其中總督年表，引用《清實錄》校正者尤多。〔註12〕

　　本文共分五章。首章爲「建置」，考其轄區建置沿革的演變，分爲延續與
變革（前期）及常制與穩定（後期）二節。乾隆朝以前轄區變化複雜，嘉慶
朝以後轄區則大體固定。各總督轄區之裁併分合，員額多寡增減狀況，在順
治元年（1644）僅有三員總督，但順治十八年（1661）十月到康熙四年（1665）
五月，則有十七員總督，康熙六十年（1721）則僅有八位總督。乾隆二十五
年以後則總督轄區變化較小，總督員額約維持在十一員左右。

　　第二章爲「人物」，詳述六百八十六位總督的籍貫與出身背景，分旗籍分
析與出身分析二節。從順治到乾隆的前期四朝，旗籍的考量較爲重要，順治、
康熙時期總督大部分是明朝降將出身的漢軍八旗將領，到了雍正與乾隆時

〔註9〕蕭一山，《清代通史》五冊（台北：臺灣商務印書館，1962年）。

〔註10〕魏秀梅，〈從量的觀察探討清季督撫的人事嬗遞〉，載於《中央研究院近代史
　　　　研究所集刊》第4期，上冊（台北：中研院近史所，1973年），頁259～292
　　　　之論述。

〔註11〕錢實甫，《清代職官年表》全4冊（北京：中華書局，1980年）。總督年表在
　　　　第二冊，頁1341～1514之記載。

〔註12〕吳天任，《正史導讀》（台北：臺灣商務印書館），頁214之論述。

期，總督大部分又成爲滿洲權貴子弟爲多：而嘉慶到宣統的後期六個皇帝任內，出身的考量成爲任用的考慮重點，總督又大部分爲漢人進士出身或有軍功的將領出任。

　　第三章爲「人事遞嬗」，探討六百八十六位總督甄補途徑及總督與總督之間的遷轉情形，分甄補途徑與陞遷轉調二節。總督從甄補與遷轉過程，慢慢形成地方最重要的官僚體系。前期著重的是甄補途徑，強調中央與地方的關係；後期著重的是總督與總督之間的遷轉，單地單任者是有其專業考量，而多地多任者則有其功能考量。

　　第四章爲「權力」，探討總督權力的演進，分爲分割型權力與整體型權力二節。初期的權力有限，單純的加銜制度監督地方與統率綠營標兵督導糧餉，職權分散；後期的總督衙門權力逐漸擴張，行政權與司法權位階逐漸提高，另外軍事權、財政權也逐漸統一集中，尤其湘淮團練興起，總督成爲地方勢力最大的軍閥。

　　第五章爲「體系的鞏固」，探討總督體系之形成，分綠營征伐與團勇防衛二節。初期總督只統領部分綠營兵，是征伐體系之一環而已，在大將軍或經略的統領下配合作戰，主要任務爲籌餉補給與安民剿逆；後期則統領轄區團勇及綠營兵平定內亂或抵禦外患，是清季國家防衛體系的核心，成爲眞正地方最重要的疆臣。

第一章　建　置

　　本章考總督轄區建置演變，分為延續與變革（前期）及常制與穩定（後期）二節。乾隆中期以前，因疆域未定，總督轄區因任務而變化複雜，自乾隆晚期以後則大體固定。轄區之裁併分合，員額多寡增減狀況，在初設總督的順治元年（1644）七月，僅置有三員名額，但從順治十八年（1661）十月到康熙四年（1665）五月，全境置有十七員總督，康熙六十年（1721）則僅有八位總督。嘉慶以後則變化較小，總督員額約維持在十一員左右。

第一節　延續與變革

　　從順治元年到乾隆二十五年，總督建置乃延續明朝制度而略以變革時期。明朝設置總督是為邊疆防衛系統，而清初設置總督是為中原征服系統。所以清初總督轄區常因各種軍事上的征伐需求而有所改變，整體來說，是以漢軍八旗與綠營統帥階層的配合作戰及整頓、安撫軍民之需求方便為考量。

一、總督天津、直隸、山東、河南

　　直隸一帶是清朝最早設置總督的區塊，主要是入關直接面對新的征服地，這裏是明朝薊遼總督的延續與擴大。明朝的薊遼總督於嘉靖二十九年設置，轄順天、遼東、保定三巡撫，通州、昌平、易州三都御史。總督於嘉靖三十三年前駐薊州，之後移駐密雲，防秋駐昌平。〔註1〕清入關後，雖然最早

〔註1〕　吳廷燮，《明督撫年表》（北京：中華書局，1982年），頁1～19。引用《明會典》都察院：先年，薊遼有警，間遣重臣巡視，或稱提督。嘉靖二十九年，

在這裏設置總督，但在初期，直隸各處設置總督卻是非常短暫，主要原因是滿洲八旗兵湧入北京，佈滿直隸，這裏尚不需要有長期掌兵權的漢人總督。

（一）天津總督

順治元年六月設天津總督，十月裁。這是清朝第一個總督建置，卻也是最短命的總督轄區，僅有三個月的設置時間，而且只有一位總督任職。當時是以原明朝太子太傅左都督駱養性以原官任斯職，但駱養性任此職不久即以違旨，而遭革除總督職務。

> 天津總督駱養性，違旨擅迎南來左懋第、陳洪範等，部議應革職爲氏。
>
> 得旨：養性有迎降功，革總督任，仍留太子太保左都督銜。〔註2〕

駱養性原爲明朝錦衣衛都指揮使，由他擔任滿清入關之際的天津總督，有著安定明朝特務機關的意味。因爲明朝在京師不設總督，但對清朝來說，北京也是征伐之地，設立天津總督乃爲控制新征伐之地，所以天津總督設置雖短暫，但也可以說是未來直隸總督的前身。

（二）直隸山東河南總督

順治六年八月設直隸山東河南總督，順治十五年五月裁，設置時間不到十年。其設置原因，當爲給事中姚文然所奏：

> 北直接壤山東、河北一帶，盜賊日熾，商賈不前，耕桑失時。兵則東剿西遁，兵撤則勾連復起。由地勢接連，兩省兵糧各有分疆。巡撫無調總兵之事權，總鎮亦無越境窮追之剿法。若仿江南、川湖、陝西之例，即將眞保巡撫改爲總督衙門，其標兵、官吏廨宇、公費一毫不煩另借。但愼推威望大臣，重其事權，舉直隸、山東及河南懷慶、衛輝、彰德三府悉歸統轄，兩省巡撫總千悉聽節制，則狡賊出沒，總督可調遣各鎮兵馬合力會剿，或扼其前，或截其後，剿有全局，賊無遁路，事不煩而功甚大。〔註3〕

遂任命原浙江總督張存仁總督直隸山東河南，並巡撫保定等府，提督紫荊等關，兼理海防軍務。至順治十五年五月，議政貝勒大臣會推直隸總督，得旨：

以虜患始改爲總督薊州、保定、遼東軍務，鎮巡以下，悉聽節制。三十三年，以密雲咫尺陵京，接連黃花、渤海，去石塘嶺、古北口、牆子嶺各不滿百里，移總督駐密雲，巡撫駐薊州，防秋之日改駐昌平，而總督遂定設不革。

〔註2〕 見《清世祖章皇帝實錄》，順治元年十月初十日甲子條之記載。

〔註3〕 見《清世祖章皇帝實錄》，順治六年八月二十四日辛亥條之記載。

向因地方初定，特設直隸總督以資彈壓，今可不設，但直隸八府幅
員遼闊，著再添巡撫一員，分行管理，其駐紮處所及管轄地方，吏
部酌議妥確，並應用撫臣，即行會推具奏。〔註4〕

乃裁直隸三省總督，分設順天、保定二巡撫。至順治十八年八月，命直隸各
省各設總督一員並駐紮省城，旋於同年九月分設直隸、山東、河南三總督。

康熙四年五月，裁分別各自設置之直隸、山東、河南總督，改爲併設直
隸三省總督，康熙八年七月裁。

（三）直隸總督

雍正二年十月，特改直隸巡撫爲總督，即以直隸巡撫李維鈞陞授，直隸
總督自此遂成永制。〔註5〕

二、總督宣大山西

山西一帶是清朝第二早設置總督之區塊，這也是延續明朝之建置。明景
泰二年因防備蒙古侵擾而置，轄宣府、大同二巡撫之地，尋罷。成化二十年
復置，曾轄山西雁門、偏頭、寧武關等地，成化二十一年罷。弘治十一年復
置，弘治十五年又罷。弘治十八年復置，正德二年又罷。之後置罷無常，至
嘉靖二十九年定轄宣府、大同、山西三巡撫之地，後當不變。嘉靖時總督初
駐宣府，後移駐懷來。隆　慶四年移駐陽和，明末又移駐大同或宣府。〔註6〕
清朝入關後，爲追擊李自成並剿滅其老巢，很早就在這裏設置漢人總督，一
方面協助滿洲旗兵作戰，另一方面妥善安置新征服地的軍民。

（一）宣大山西總督

順治元年七月以右僉都御史吳孳昌總督宣大山西處，兼管巡撫。惟不過
半年，吳孳昌即被革職。

革大同總督吳孳昌職，以和碩英親王阿濟格致書，令釋監司朱壽鏊

〔註4〕　見《清世祖章皇帝實錄》，順治十五年五月二十九日乙丑條之記載。

〔註5〕　傅宗懋在《清代督撫制度》一文中指出李維鈞於雍正三年八月革職後，以兵
　　　　部尚書蔡珽署直隸總督，旋改以李紱任總督。其後除雍正四年十二月以宜兆
　　　　熊署直隸總督，同時以禮部右侍郎劉師恕協辦直隸總督，以及雍正七年正月
　　　　至六月間專以古北口提督楊鯤協辦直隸總督，不爲常目外，直隸所置皆爲總
　　　　督，而其任者，則均係署理。所以直隸總督之建置，自雍正二年十月李維鈞
　　　　任職後，成爲永制。

〔註6〕　吳廷燮，《明督撫年表》（北京：中華書局，1982年），頁103～198之論述。

罪，孽昌匿不奏聞，故也。〔註7〕

　　順治二年宣府、大同一帶連換吳孽昌、李鑑、馬國柱三個總督，可見此處在明清易代之際，情勢極為不穩定。

　　　宣府總督李鑑坐與守備霍然有隙，故令然變賣倉米，部議褫職，詔
　　　降總督職，以巡撫用。〔註8〕

　　順治十五年七月裁宣大總督。順治十八年八月，命各省各設總督一員並駐紮省城，旋於順治十八年九月設山西總督。

（二）山陝總督

　　康熙四年五月裁山西總督，併於陝西合設山陝總督。康熙十一年四月諭吏部與兵部：

　　　癸巳，諭吏部、兵部：陝西幅員遼闊，邊疆重地，防禦宜周，省城
　　　有將軍滿兵駐防，總督衙門應移駐近邊扼要地方，專管陝西以便控
　　　制。其山西省附近京師，應照山東河南例，令該撫料理，爾二部會
　　　同詳議具奏。〔註9〕

於是，裁山陝總督，以山西歸巡撫統轄，終康熙朝不復設總督。宣大山西自明朝設置對抗蒙古邊患，而隨著滿洲與蒙古的合作而逐漸喪失其重要地位。

三、總督陝西三邊四川

　　陝西一帶是清朝第三早設置總督的區塊，這也是延續明朝之建置。明成化四年七月設置陝西三邊總督，轄陝西、甘肅、寧夏、延綏四巡撫之地。之後時罷時置，嘉靖之後常置不罷。陝西三邊總督駐固原，防秋移駐花馬池。〔註10〕對於清朝來說，陝西、甘肅、四川一帶，是明朝流寇的根據地，最需要派重兵征伐與駐守。

（一）陝西三邊總督

　　順治二年四月，以王文奎總督陝西，駐固原。同年五月，王文奎兼督淮揚漕運事務。惟同時即改任孟喬芳為陝西三邊總督，孟喬芳擔任此職至順治

〔註7〕　見《清世祖章皇帝實錄》，順治二年二月初十日癸亥條之記載。
〔註8〕　見《清世祖章皇帝實錄》，順治二年九月二十四日壬申條之記載。
〔註9〕　見《清聖祖仁皇帝實錄》，康熙十一年四月十八日癸巳條之記載。
〔註10〕　吳廷燮，《明督撫年表》（北京：中華書局，1982年），頁199～221之論述。

十一年正月卒於任上，卒前半年兼督四川。〔註11〕

（二）川陝三邊總督

順治十年六月上諭吏部謂：

> 諭吏部：湖南、湖北疆域遼闊，軍務甚繁，著祖澤遠專督湖廣，其
> 四川兵馬錢糧，皆從陝西調發，境地相連，著孟喬芳兼督四川，各
> 換敕與之。〔註12〕

四川陝西合設一督，是爲其始，而孟喬芳乃是第一位統轄四川、陝西三邊的
總督。順治十年十二月，孟喬芳乞疾歸，改任金礪爲第二任川陝三邊總督。
順治十三年二月，馬之先繼之，又改回川陝總督。順治十八年七月，命川陝
總督移駐漢中。九月，四川陝西分別設置總督。

（三）山陝川湖總督

康熙四年五月，陝西總督併山西，合設山陝總督。康熙九年三月，四川
總督併湖廣，合設川湖總督。康熙十一年裁山西總督，專設陝西總督。康熙
十三年二月，川湖總督復分置四川、湖廣總督。康熙十九年十一月，陝西與
四川合併，改設川陝總督。康熙五十七年十月又分設陝西、四川二總督。康
熙六十年五月再併四川陝西爲川陝總督。

> 乙酉，諭大學士等：陝西總督鄂海，著辦理軍前糧餉；四川總督年
> 羹堯，著兼理四川、陝西總督事務；原任侍郎革職色爾圖，著署理
> 四川巡撫事務。皆馳驛速赴任。〔註13〕

（四）四川陝西總督

雍正九年二月，諭大學士等：

> 朕壬戌，諭大學士等：……朕又思川陝二省，地方數千里，甚爲遼
> 闊，今西邊有辦理軍需之事，總督一員難以控制，向來川省曾設總
> 督，今仍著添設四川總督一員，即以提督黃廷桂補授。〔註14〕

並改原任署川陝總督查郎阿爲署陝西總督，逐析置四川、陝西兩總督。至雍
正十三年十二月，因軍務漸竣，諭仍照舊制。復設川陝總督，裁四川總督。

〔註11〕王士禎，〈孟公喬芳神道碑銘〉收錄於《碑傳集》（北京：中華書局，1993年），
　　　　頁100～106之記載。
〔註12〕見《清世祖章皇帝實錄》，順治十年六月十一日乙巳條之記載。
〔註13〕見《清聖祖仁皇帝實錄》，康熙六十年五月二十五日乙酉條之記載。
〔註14〕見《清世宗憲皇帝實錄》，雍正九年二月初九日壬戌條之記載。

丁卯，諭總理事務王大臣：……又諭：川、陝兩省舊制設立總督一員，嗣因西陲用兵，辦理軍需事件，是以分設四川總督。今大兵徹回，軍務漸竣，仍應照舊制，設立川陝總督，其四川總督一缺，著裁汰。即以黃廷桂爲四川提督。〔註15〕

（五）陝甘四川總督

乾隆十三年十一月，皇帝諭曰：

諭軍機大臣等：陝總督統轄四川、西安、甘肅，幅員甚爲遼闊，在尋常無事之時，尚虞鞭長莫及。現今金川軍務未竣，地方公事及籌辦軍需一切調度，督撫駐箚於西安，難於遙制，即將來平定，亦經理需人。從前曾經分設總督，就近綜理，尚書尹繼善今現奉差在陝，著即授爲陝西總督，策楞著授爲四川總督管巡撫事。〔註16〕

陝西總督尹繼善隨即以兼轄陝西、甘肅二行省，改稱陝甘總督。乾隆二十四年陝甘總督楊應琚奏：

西陲平定，幅員廣大，陝西甘肅非一總督所能兼理。請將西安總督改爲川陝總督，四川總督改爲四川巡撫，甘肅巡撫改爲甘肅總督管巡撫事。得旨開泰著補放川陝總督，仍駐箚四川，令其往來西安稽察一應事務。楊應琚著補放甘肅總督，陝西提鎮營務並聽甘肅總督節制，其甘肅提鎮營務川陝總督不必節制，餘依議。〔註17〕

由之改陝甘總督爲甘肅總督，以四川總督兼轄陝西而改川陝總督。然其時正清廷師征回部之際，一切軍需都由陝西運往甘肅，專設甘肅總督之後，軍需供應難免有呼應不靈之虞。乾隆二十四年九月諭曰：

諭：前經益政王大臣議准：將陝西一省改歸四川總督統轄，甘肅一省專設總督一員管理，降旨令楊應琚補授，仍令節制陝西營務。原爲西陲辦理回部告竣之時，甘肅幅員遼闊而言。今軍務尚未武成，回部現有將軍大臣在彼辦理諸務，而一切軍需多由陝省運甘，未便遽照新制，轉多掣肘。所有陝省事務，著楊應琚照舊管轄，開泰且不必兼管，俟軍務告竣後，可再行候旨遵行，以期集事，以專責成。〔註18〕

〔註15〕 見《清世宗憲皇帝實錄》，雍正十三年十二月二日丁卯條之記載。
〔註16〕 見《清高宗純皇帝實錄》，乾隆十三年十一月三十日庚辰條之記載。
〔註17〕 見《清高宗純皇帝實錄》，乾隆二十四年七月二十九日丁丑條之記載。
〔註18〕 見《清高宗純皇帝實錄》，乾隆二十四年九月十八日乙丑條之記載。

此所謂照舊管轄者，當係意指照原任陝甘總督時管轄陝西而言，故知其時名義上雖四川陝西合併設一總督，但自實質而言，則川陝總督即係前此之四川總督固不待言。乾隆二十五年十二月，因天山南北路均已平定，復諭謂：

> 又諭：前因平定西陲，版圖式擴，朕本意欲於伊犁、葉爾羌等處皆置屯田，令地方官管理。因念陝甘總督所轄既廣，勢難兼顧，是以議准將陝甘總督改爲甘肅總督，而陝西一省歸於川督管轄。然軍需之際恐隔省呼應不靈，是以雖定有此制，仍令照舊統轄，俟軍需辦完再降旨爲新制。今思新闢各處俱有大臣駐紮，無須更設道員，則甘督無鞭長莫及之處，莫若仍舊管制，著將甘肅總督仍爲陝甘總督統轄二省，則其四川總督不必兼管陝西。〔註19〕

於是四川、陝甘分設總督如前。而乾隆二十四年七月所設之甘肅總督，於乾隆二十五年十二月裁，僅設置一年半的時間。

四、總督浙江福建

浙江一帶是清朝第四早設置總督的區塊，這也是延續明朝之建置。明嘉靖三十三年五月設置浙直總督，當時因沿海倭亂，以南京兵部尚書張經總督浙江、福建、南畿等處軍務。浙直總督所轄的區域有三省說與六省說兩種，其中浙江、南直隸、福建三省爲倭寇重點攻擾之地，亦爲該總督重點統轄之地；其餘山東、廣東、廣西三省爲該總督調集兵馬的兼轄之地，管轄不一定嚴密。嘉靖四十一年罷置，嘉靖四十五年復置，隆慶元年再罷。浙直總督駐地應爲嘉興府。〔註20〕明朝崇禎殉國後，皇室正統遂在東南，尤其浙江、福建多山，不易征伐，所以這裏也是清朝入關後，最先需設置重兵之地。

（一）浙江福建總督

順治二年六月，以張存仁領浙江總督。同年十一月，改張存仁爲兵部右侍郎兼右副都御史總督浙江福建，駐福州。順治五年更名福建浙江總督，徙衢州，兼轄福建。順治十五年七月，諭吏部：

> 又諭吏部：浙閩舊設總督一員，今海氛未息，幅員遼闊，勢難兼顧。

〔註19〕見《清高宗純皇帝實錄》，乾隆二十五年十二月十六日丙戌條之記載。

〔註20〕見《明世宗實錄》，嘉靖三十五年二月壬午，胡宗憲兵部左侍郎兼右僉都御史，總督直隸、浙江。嘉靖三十九年二月甲辰，錄擒海寇汪直功，加胡宗憲太子太保左都御史，兼兵部右侍郎，總督如故。

除見任總督外，著再設一員，分理兩省軍務。爾部即會推堪任者引
見，其各駐箚地方，一併議奏。〔註21〕

當時以趙國祚總督浙江，駐防溫州；而改閩浙總督李率泰爲福建總督，駐防
漳州。順治十八年十二月，命浙江總督移駐杭州。

（二）福建浙江總督

福建、浙江自順治十五年分別設置總督，至康熙八年二月浙江總督趙廷
臣卒於任上，同年三月以劉兆麟爲浙江福建總督，遂合而爲一。康熙九年三
月復設福建總督一員，四月任以劉斗逐分置。康熙二十三年五月裁浙江總督，
專設福建總督調王國安以任之。康熙二十六年三月，大學士等奏：

乙酉，大學士等奏：臣等遵旨，傳諭九卿等，集議應行應改事務，
諸臣僉云：「皇上夙夜孜孜，勤求治理，政務具已全備，寰宇已極昇
平，並無應行應革事件。前輔政大臣時，各省皆有總督，自皇上親
政以來，酌裁總督員缺，惟設江南江西一總督、廣東廣西一總督、
雲南貴州一總督、湖南湖北一總督、四川陝西一總督、浙江福建一
總督。後將浙江福建總督缺，改爲福建總督。然浙江福建皆係近海
地方，請仍改福建總督爲浙江福建總督，似屬有益。」從之。〔註22〕

從之，隨即調王新命爲閩浙總督，復合而爲一。雍正五年十一月，特授浙江
巡撫李衛爲浙江總督管巡撫事。是月諭內閣：

浙閩總督高其倬，辦理兩省之事才力少不及，李衛著授爲浙江總督
管巡撫事。從前鄂海、楊琳爲總督時，因不能兼攝兩省之事，是以
曾用年羹堯爲四川總督、孔毓珣爲廣西總督。總之，酌量時勢，因
人而施也。今李衛亦照此爲浙江總督，不爲浙江定例。〔註23〕

原閩浙總督高其倬則專管福建總督事，自是福建、浙江分設總督。雍正十二
年十月，復諭內閣：

向以浙江吏治、營伍俱須整理，而浙閩總督駐箚閩省，未免隔越，
是以特授李衛爲浙江總督兼管巡撫事務。此係因時制宜，隨才任使，
一時變通之政，並未著爲永例也。今浙江事務經李衛辦理以來，已
漸整頓，而程元章又以伊之才力難兼總督、巡撫、鹽政三重任，恐

〔註21〕見《清世祖章皇帝實錄》，順治十五年七月二十四日己未條之記載。
〔註22〕見《清聖祖仁皇帝實錄》，康熙二十六年三月初七日己酉條之記載。
〔註23〕見《清世宗憲皇帝實錄》，雍正五年十一月初五日丁巳條之記載。

致曠誤爲辭。近郝玉麟來京陛見，朕看其才具精神，足以貫注兩省，著仍照舊例授郝玉麟爲浙閩總督，程元章以總督銜專管浙江巡撫並兩浙鹽政事務。〔註24〕

於是福建、浙江復合設一總督。乾隆元年二月，詔依前述雍正五年特授李衛爲浙江總督之例，授稽曾筠爲浙江總督，改郝玉麟以閩浙總督銜專管福建事，諭曰：

諭總理王大臣：兩浙鹽務向來廢弛，自李衛爲浙江總督以來，留心整理，諸事妥協。及李衛離浙，程元章接任，其性辦事迂懦，鹽政漸不如前，是以皇考諭令布政使張若震暫行兼管。前據張若震奏稱，藩司之職經管通省錢糧，頭緒繁多，難以兼顧鹽務，且緝私全賴官弁協力，未免呼應不靈，恐誤公事等語。張若震准解鹽務之任，俾得專心於職守。大學士稽曾筠現爲浙江巡撫，著照從前李衛之例，改爲浙江總督兼管兩浙鹽政，其管轄地方節制官弁等事悉照李衛前例行。稽曾筠既爲浙江總督，郝玉麟著以閩浙總督銜專管福建事務。〔註25〕

乾隆三年九月，稽曾筠入閣，裁浙江總督，復設浙江巡撫，仍歸閩浙總督郝玉麟管轄。閩浙總督至此始爲永制。

五、總督江南江西

江南一帶是清朝第五個設置總督的區塊，這也是延續明朝之建置。明嘉靖三十三年五月設置浙直總督，當時因沿海倭亂，以南京兵部尚書張經總督浙江、南直隸、福建等處軍務。嘉靖四十年，江西盜起，命浙直總督尚書胡宗憲兼節制江西，發兵應援。次年寇平，胡宗憲不兼江西。嘉靖四十五年三月，江西德興礦賊作亂，上命陞劉畿爲兵部右侍郎兼都察院右僉都御史，不妨巡撫，總督浙江、南直隸、江西軍務。〔註26〕清朝入關，明朝弘光帝即位於南京；而後鄭成功北伐，也以南京爲首要收復目標，所以調降清的原明朝大臣洪承疇總督諸省軍務招撫江南。

〔註24〕見《清世宗憲皇帝實錄》，雍正十二年十月十六日戊午條之記載。
〔註25〕見《清高宗純皇帝實錄》，乾隆元年二月二十日甲申條之記載。
〔註26〕見《明世宗實錄》，嘉靖四十五年三月庚申，是時浙江、江西礦賊作亂，二月中突入婺源，大掠而去。上命陞劉畿爲兵部右侍郎，兼都察院右僉都御史，不妨巡撫，總督浙、直、江西軍務，令亟徵三省官兵勦賊。

（一）江南江西河南總督

順治二年閏六月，以內閣大學士洪承疇總督軍務撫江南各省，未成定制。順治四年七月，洪承疇以江南湖海諸寇俱以削平，又聞其父已卒於福建，請解任守制，乃調宣大總督馬國柱任江南、江西、河南三省總督。順治六年，別置直隸山東河南一總督，江南江西合置一總督。順治十八年九月，分置江南總督、江西總督。

（二）江南江西總督

康熙四年五月，裁江西總督併於江南，合設江南江西總督。康熙十三年七月江西專設總督一人，停江南總督兼轄江西，復分置。康熙二十一年一月，再裁江西總督歸併江南，尋定名兩江總督。

六、總督湖廣

湖廣一帶是清朝第六個設置總督的區塊，這也是延續明朝之建置。明成化六年十一月設置荊襄總督，當時因為鎮壓荊州襄陽流民起義而設，約轄河南布政使及湖廣之荊州、襄陽府，總督駐襄陽府。另於嘉靖二十七年，為鎮壓貴州、湖廣接界處苗民起事，設湖廣貴州四川總督，轄湖廣之辰州及貴州與四川東部，總督駐沅州。清朝入關後，這個區域先後二次與四川合為一個總督轄區，但從康熙十三年以後轄區即固定。

（一）湖廣四川總督

順治二年十一月，以羅繡錦總督湖廣四川，是為設置之始。順治四年十一月增設四川總督，湖廣專置一督，但四川總督迄未任命。順治九年七月，祖澤遠復總督湖廣四川。順治十年六月，專督湖廣，而以四川與陝西併設一員總督。

康熙七年十月，裁湖廣總督，由四川總督兼管。康熙九年三月，復設湖廣四川總督，由吏部左侍郎蔡毓榮出任。康熙十三年二月，命四川省另設總督，由因丁憂免職的前兩廣總督周有德出任。湖廣四川總督轄區畫下休止符。

（二）湖廣總督

順治十年六月，祖澤遠專督湖廣，為湖廣總督之始。康熙七年十月缺裁，由四川總督兼管，稱川湖總督。康熙十三年二月，因四川另設總督，湖廣再度專置一督。康熙二十七年三月，缺裁；同年九月，三位尚書同奏。

　　癸巳，吏部尚書阿蘭泰、兵部尚書紀爾他、工部尚書蘇赫奏：「湖廣
　　地方遼闊，統制兵馬，應復設總督，於地方有益。」報可。〔註27〕
皇帝同意後，同月以丁思孔爲湖廣總督。此後，湖廣總督轄區固定。

七、總督兩廣

　　兩廣一帶是清朝第七個設置總督的區塊，這也是延續明朝之建置。明景
泰三年因兩廣地方苗民起事而置，轄廣東、廣西二巡撫之地。嘉靖六年五月，
爲鎮壓廣西土司起事，增轄江西及湖廣鄰近兩廣之地。嘉靖四十二年，因防
倭寇，增轄福建。總督先駐梧州府，後移駐肇慶府、惠州府、潮州府、廣州
府等地。清朝入關之後，這個地區的總督設置相對單純，只有在雍正時期因
少數民族作亂關係與雲貴轄區合併過。

（一）廣東廣西總督

　　順治四年五月，以佟養甲總督兩廣兼撫廣東。順治五年，明桂王復兩廣，
佟養甲卒於任，遂省兩廣總督之置。順治十年六月，諭吏部：

　　廣東、廣西應設總督一員，著速推堪任者具奏。……庚申，以李率
　　泰爲兵部尚書兼都察院右副都御史總督兩廣軍務。〔註28〕

旋任李率泰總督兩廣。順治十八年九月，分設廣東總督、廣西總督。康熙四
年五月，裁廣西總督併於廣東，合設兩廣總督。雍正元年八月，以兩廣總督
楊琳專管廣東總督事，以孔毓珣爲廣西總督仍兼巡撫事，兩廣遂分置總督。
雍正二年四月，以孔毓珣爲兩廣總督，李紱爲廣西巡撫，復併設。

（二）廣東雲貴廣西總督

　　雍正五年二月，諭兵部：

　　廣西八達寨兇苗，素行不法。從前提督田畯意欲用兵征剿，一面具
　　奏，一面即行發兵，朕此時諭令慎重籌劃，不可輕舉。田畯即欲舉
　　行此事，若果遴選兵弁，調度有方，何難計日安帖。乃田畯遣弁失
　　宜，臨事疏忽，以致極小苗寨，相持日久，不能迅速成功，以致兇
　　苗公然肆惡。迨雲貴總督鄂爾泰調發滇黔之兵，甫至其地，逆獷即

〔註27〕見《康熙朝東華錄》卷四十二第五頁之記載。
〔註28〕見《清世祖章皇帝實錄》，順治十年六月十一日乙巳條及同年六月二十六日庚
　　　　申條之記載。

行授首黨眾皆悉嚮化，鄂爾泰辦理甚屬可嘉。查廣西地方離廣東總
督駐紮之處較遠，而與滇黔兩省相近，著鄂爾泰總督雲貴廣西三省，
一應軍民事務俱照總督例管轄。〔註29〕

因之兩廣總督之由合又分，而雲貴廣西合爲一總督所轄。歷時六載，雍正十
二年十月，諭內閣謂：

又從前降旨，將廣西一省暫隸雲貴總督管轄者，因廣西與貴州接壤，
俱有苗疆應辦事務，若非該總督總統節制，恐文武官弁呼應不靈。
今苗疆用兵事竣，諸事就緒。內外臣工俱奏稱：廣西距雲南路遠，
廣東路近，不若就近爲妥便等語。滇黔兩粵情形本如此，即朕初
意亦不過俟苗疆事竣，仍行照舊，非謂尹繼善不能兼管三省而前後
互異也。其應否仍隸廣東之處，著九卿會議具奏。〔註30〕

雍正十二年十二月，吏部等衙門遵旨覆奏：

癸丑，吏部等衙門，遵旨覆奏：「廣西一省向與黔省均有辦理苗疆事
務，是以暫令雲貴總督統轄，今黔粵兩處苗蠻輸誠向化，用兵事竣。
請循舊制，將廣西就近仍歸廣東總督統轄。」從之。〔註31〕

皇帝同意了，廣東廣西復併設爲兩廣總督。

八、總督雲貴

雲貴一帶是清朝第八個設置總督的區塊，也是最後一個總督建置。明正統
六年一月爲鎮壓雲南麓川土官起事而置雲南總督，約轄雲南之地。正統十四年
十一月，爲鎮壓貴州苗民起事而設貴州總督，轄貴州布政司及湖廣布政司辰州
府與貴州接界之地。成化三年，爲鎮壓四川南部與貴州交界之地山都蠻起事而
設四川貴州總督，約轄四川南部與貴州北部相接之處。嘉靖二十七年六月，爲
鎮壓貴州與湖廣接界處苗民起事而設湖廣貴州四川總督，約轄四川東部、貴州、
湖廣辰州府等地區。嘉靖三十三年，湖廣西部容美十四司亦直轄於該總督，總
督駐沅州。清朝入關以後，這裏仍是明朝控制的範圍，後來又有平西王吳三桂
駐守，所以這個地區的總督設置相當複雜。雖然康熙時期清廷已掌控這個區域，
但少數民族的反抗仍使這個地區與廣西無法分割，直至乾隆十二年以後才固定。

〔註29〕見《清世宗憲皇帝實錄》，雍正五年二月二十九日丙戌條之記載。
〔註30〕見《清世宗憲皇帝實錄》，雍正十二年十月十六日戊午條之記載。
〔註31〕見《清世宗憲皇帝實錄》，雍正十二年十二月十二日癸丑條之記載。

（一）湖廣兩廣雲貴總督

　　順治十年五月，授內閣大學士洪承疇經略湖廣、兩廣、雲貴等處地方總督軍務兼理糧餉。順治十四年六月，召還。順治十六年一月，以趙廷臣總督雲貴。順治十八年九月，雲南、貴州分設總督。康熙四年五月裁貴州總督，併於雲南，合設雲貴總督。康熙十二年八月，議准平西王吳三桂撤藩。旋諭吏兵二部：

> 乙卯，……諭吏部、兵部：雲南地屬遠疆，今該藩官兵既撤，控制需人，應專設雲南總督一員，添設提督一員，責成專管料理。爾部速議具奏。〔註32〕

康熙十二年九月，因雲貴總督駐貴陽，專轄貴州，並任鄂善為雲南總督。康熙十二年十一月，吳三桂反，貴州總督甘文焜自刎。康熙十三年一月，改鄂善為雲貴總督，復併設。雍正六年十月，雲貴總督兼轄廣西。雍正十二年十二月，停兼轄廣西，復雲貴總督之制如故。

（二）貴州雲南總督

乾隆元年二月，上諭：

> 諭總理事務王大臣：……又諭：貴州苗疆事務，自張廣泗經略以來，漸次就緒，但善後事宜正須料理，必事權歸一，始可專其責成。張廣泗著授為貴州總督兼管巡撫事務；尹繼善著為雲南總督專辦雲南事務。俱另行鑄給關防，其經畧印信，俟軍務告竣時，再行繳部。
>
> 〔註33〕

於是貴州、雲南分別設置總督。乾隆十二年三月，復諭：

> 諭曰：大學士慶復在外多年，綸扉重地，應召取回京，辦理閣務。昨歲四川瞻對之役甫經告竣，今又有大金川番蠻肆橫不法，已命慶復相機征剿。今思彼地番眾，恃強滋事，屢屢不能安輯，必須經理得宜，始可永遠寧帖。貴州總督張廣泗於此等苗蠻情形素所熟悉，貴州地方張廣泗料理以來，現在妥協，苗種向化，可以無虞。川陝總督員缺，著張廣泗補授。……雲貴二省原係一人管轄，著仍復舊制，即以張允隨授為雲貴總督。〔註34〕

〔註32〕　見《清聖祖仁皇帝實錄》，康熙十二年八月十八日乙卯條之記載。
〔註33〕　見《清高宗純皇帝實錄》，乾隆元年六月初十日癸酉條之記載。
〔註34〕　見《清高宗純皇帝實錄》，乾隆十二年三月十一日辛丑條之記載。

此後，雲南、貴州合置一總督直至清末。

第二節　常制與穩定

　　從乾隆二十六年起至光緒十年，總督建置屬於穩定期。乾隆中期總督建置可謂已經制度化，不僅轄區固定，加銜也已制度化。其後嘉慶、道光、咸豐、同治等四個時期，幾無損益。其所差異者，多屬職權兼銜之類。如直隸總督於咸豐十年之兼管長蘆鹽政，同治九年之加三口通商事務授爲北洋大臣。光緒後期至宣統年間，稍微有所修正，凡巡撫與總督同省者則裁去巡撫，俾事權統一，免督撫不和貽誤政事之弊。

一、直隸總督

　　雍正二年十月，特改直隸巡撫爲總督，即以直隸巡撫李維鈞陞授。雖然同年十二月，復諭吏部謂：

> 諭吏部：前因李維鈞辦事勤慎，且能訓練士卒，整飭營伍，故授爲直隸總督，竝令提督、總兵官聽其節制。此係特旨，不爲定例。將來李維鈞或陞任後，直隸仍用巡撫，一切俱照巡撫舊例。即有授爲總督者，亦只照趙弘燮例行，不得援李維鈞之例。〔註35〕

其所謂趙宏燮例，指的是康熙五十四年加直隸巡撫趙宏燮總督銜而言。但事實上，李維鈞於雍正三年八月革職後，以兵部尙書蔡珽署直隸總督，旋改以李紱任總督。其後除雍正四年十二月，以宜兆熊署直隸總督，同時以禮部右侍郎劉師恕協辦直隸總督；以及雍正七年一月至六月間，專以古北口提督楊鯤協辦直隸總督，不爲常目外，直隸所置皆爲總督，而其任者，則均係署理。故直隸總督之建置，自雍正二年後可謂遂成永制。

　　乾隆二十八年七月，詔直隸總督應照四川總督之例兼管巡撫事。上諭曰：

> 朕閱續文獻通考館所進職官考內，有應增改數處，俱經逐一指示，發交該館參考訂正，其有一二條沿襲舊文於官制未協者，所當斟酌釐定，以符體制。如四川總督條下註明兼巡撫事，而直隸總督向無巡撫兼銜，書內亦未註出。但巡撫於地方一切考察黜陟皆其職任，直隸現在既不設巡撫，其所管通省事宜與四川總督無異，嗣後直隸

〔註35〕見《清世宗憲皇帝實錄》，雍正二年十二月戊寅條之記載。

　　　　總督官銜，著照四川總督之例，添列兼管巡撫事務。……俱著該部

　　　　遵照辦理，并諭令會典通考等館，一體改正。〔註36〕

乾隆二十八年，詔直隸總督應照四川總督之例兼管巡撫事。自此而後，直隸不設巡撫，而直隸總督成為京師周圍最高地方長官，駐保定府。

二、兩江總督

　　康熙二十一年一月二十一日己巳，諭江西總督裁併兩江，董衛國自江西總督調湖廣總督。故兩江總督之建置，自康熙二十一年後可謂遂成永制。兩江總督轄區為國家最富庶之地，也是東南最重要的疆臣，駐江寧府。

　　曾數任兩江總督者有尹繼善、曾國藩、劉坤一等人。尹繼善於雍正九年七月署兩江總督，乾隆八年二月復任兩江總督，乾隆十六年閏五月三任兩江總督，乾隆十九年八月四任兩江總督。曾國藩於咸豐十年四月首次以兵部尚書銜署兩江總督，同治五年十一月以前兩江總督赴山東督師圍剿捻軍回任兩江總督，同治九年八月以直隸總督接任被刺之馬新貽三任兩江總督。劉坤一於同治十三年十二月署兩江總督，光緒五年十一月復任兩江總督，光緒十六年十月再授兩江總督，光緒二十一年回任兩江總督。

三、陝甘總督

　　乾隆二十五年十二月十六日丙戌，裁甘肅總督，復設陝甘、四川兩總督，原甘肅總督楊應琚改授陝甘總督，原川陝總督開泰改授四川總督。故陝甘總督之建置，自乾隆二十五年後可未遂成永制。光緒十年新疆建行省，置甘肅新疆巡撫由陝甘總督兼轄。〔註37〕陝甘總督一直是清朝西北最重要的軍事疆臣，駐蘭州府。而陝甘總督一度只准滿洲官員擔任，但事實上仍無法確實執行，仍有不少傑出的漢人出任陝甘總督，如林則徐、左宗棠等是。

四、四川總督

　　乾隆十三年，以金川用兵，四川總督始為專缺兼管巡撫事。乾隆二十四年七月兼轄陝西，改為川陝總督，裁專置總督。乾隆二十五年十二月十六日

〔註36〕見《清高宗純皇帝實錄》，乾隆二十八年七月十七日壬申條之記載。

〔註37〕見《清史稿職官志》三至四頁之記載。

丙戌，裁甘肅總督，復設陝甘、四川兩總督，原甘肅總督楊應琚改授陝甘總督，原川陝總督開泰改授四川總督。故四川總督之建置，自乾隆二十五年後可謂遂成永制。而自乾隆十三年開始，因金川用兵之需，四川總督兼管巡撫事已成定制。

五、閩浙總督

乾隆三年九月十四日癸亥，諭浙江總督稽曾筠入閣辦事，裁浙江總督。郝玉麟著改給閩浙總督敕書關防。故閩浙總督之建置，自乾隆三年後遂成永制。光緒十一年九月，裁福建巡撫，改以閩浙總督兼管福建巡撫事。

歷任閩浙總督中，喀爾吉善任期最長，達十一年之久。他是滿洲正黃旗，伊爾根覺羅氏，襲騎都尉世職。他在乾隆十一年九月由山東巡撫遷閩浙總督，直到乾隆二十二年七月卒於任上。任內曾加太子少保、兵部尚書、太子太保等銜。

六、湖廣總督

康熙二十七年三月十二日乙酉，緣張汧藐法受賄，湖廣總督徐國相徇庇不行參奏，罷職，且裁湖廣總督。同年九月，因吏、兵、工三部尚書上奏，以丁思孔為新任湖廣總督。故湖廣總督之建置，自康熙二十七年之後遂成永制。

光緒二十四年七月，諭裁湖北巡撫，以湖廣總督兼管湖北巡撫事。尋於同年十月復設巡撫，停總督監管。光緒三十年復裁湖北巡撫，復還湖廣總督兼管湖北巡撫事之制。

七、兩廣總督

雍正十二年十二月十二日癸丑，緣黔、粵兩處苗蠻輸誠向化，用兵事竣，著廣西省就近仍歸廣東總督鄂彌達管轄。故兩廣總督之建置，自雍正十二年之後遂成永制。

光緒二十四年七月，諭裁廣東巡撫，以兩廣總督兼管廣東巡撫事。尋於同年十月復設巡撫，停總督監管。光緒三十一年復裁廣東巡撫，遂還兩廣總督兼管廣東巡撫事之制。

八、雲貴總督

乾隆十二年三月十一日辛丑，裁貴州總督，復設雲貴總督，以張允隨任雲貴總督。故雲貴總督之建置，自乾隆十二年之後遂爲永制。

光緒二十四年七月，裁雲南巡撫，以雲貴總督兼管雲南巡撫事。尋於同年十月復設雲南巡撫，停總督兼管。光緒三十年再裁雲南巡撫，復還雲貴總督兼管雲南巡撫之制。

第二章　人　物

　　清代曾任總督的確實人數，歷來雖有各中外學者之統計，但均有所差異，故無法確定。因本章所探討的清代總督甄補人物的籍貫與出身，必須先確定一個標準數字，才能作爲分析之依據，所以首要工作爲確定總督任職者的實際人數。首先我們看看幾位對清代總督人物有研究之學者的統計：

　　最早作總督人物表者，爲清末民初江蘇無錫人嚴懋功。在其所著《清代徵獻類編》一書中，依年次列表，作總督年表三卷，附錄一卷。其附錄中有滿臣督臣錄、蒙古籍督臣錄、漢軍旗籍督臣錄及直省漢臣分錄，共統計出五百九十二員總督。〔註1〕但經比對查証，嚴懋功所作之年表和附表之人物，不甚符合，有相當多的差異存在。這些雖在其序言中已有指出，但因矛盾記載者，初步統計達數十人之多，因此本章不以嚴文所提供的人數爲標準，僅爲參考之用。

　　香港中文大學教授王德昭，在其所著《清代科舉制度研究》一書中，引用嚴文來討論清代總督人物中，進士出身的比例。其所引用的統計人數爲五百九十五人，比嚴文附錄多三人。〔註2〕

　　國立臺灣師範大學教授王家儉，在其論文《晚清地方行政現代化的探討》文中也引嚴文人數統計，來分析旗、漢總督之比例。其引用之統計人數爲五百九十三人，和嚴文附錄差一人。〔註3〕

〔註1〕　嚴懋功，《清代徵獻類編》（台北：臺灣中華書局，1968 年），頁 160～165 之記載。

〔註2〕　王德昭，《清代科舉制度研究》（香港：香港中文大學出版社，1982 年），頁 58 之論述。

〔註3〕　王家儉，《晚清地方行政現代化之探討》（台北：國立臺灣師範大學歷史學報第八期，1982 年）。

另國立政治大學教授傅宗懋，在其論文《清代督府甄補實象之分析》一文中依據《清史稿列傳》，得出總督與巡撫共計五百七十一人，其中曾任總督者三百四十五人。〔註4〕因人數尚不及嚴文統計之六成，故也僅能作爲參考之用，而無法成爲本文統計人數之標準。

還有中央研究院近代史研究所研究員魏秀梅，在其論文《從量的觀察探討清季督撫的人事嬗遞》一文中，因對清季總督出身背景作統計，文中得出曾實授及專署之清季總督共一百七十九人。〔註5〕因其所統計僅爲清代後期之總督，故也無法作爲本章分析之標準。

日本學者栖木野宣，在其所著《清代重要職官之研究》一文中，依據《清史稿總督年表》，找出總督之延數與實數。初步得出延數爲四千零二十名；實數爲六百五十九名。後經其再三之整理統合，決定總督實數爲六百六十一名。〔註6〕作者經數次比對，以栖木野宣之統計爲基礎，加上錢實甫的《清代職官年表》中有關總督部分兼署、護印人員之統計，得出六百八十六位總督。故本章對總督人物籍貫與出身之探討，以六百八十六人爲標準。

第一節　旗籍之考量

滿清王朝係以少數民族入主中華，其於統治上必有強烈之自衛心理，以鞏固其政權。然而事實上漢人係多數，故於政治上又不能不對漢人有所安排，俾遂其統治。然而清代任官，對於大學士、尚書、侍郎等在朝京官，雖定制厘爲滿漢額缺。此外，更有規定某缺爲某族專缺之情事。爲就總督而言，則鮮見此種之規定與措置。雖於康熙七年曾定山陝總督專用滿員，而事實上又未必如此。現從下表依據入關後十位皇帝所任用總督的旗籍所得之結果，來分析其實象。

表 2-1　清代各時期任用總督旗籍分配表

時期	滿洲	蒙古	漢軍	漢人	合計
順治	0	0	39	10	49
康熙	33	1	41	21	96

〔註4〕　傅宗懋，《清代督撫甄補實象之分析》（台北：臺灣商務印書館，1977年）。
〔註5〕　魏秀梅，《從量的觀察探討清季督撫的人事嬗遞》（台北：中央研究院近代史集刊第四期）。
〔註6〕　栖木野宣，《清代重要職官之研究》（東京：風間書房，1975年）。

雍正	15	0	16	20	51
乾隆	85	4	5	40	134
嘉慶	22	4	5	41	72
道光	29	3	3	50	85
咸豐	18	3	3	32	56
同治	11	1	0	27	39
光緒	21	4	3	58	86
宣統	3	0	1	14	18
合計	237	20	116	313	686

　　自上表所示，可以獲致初步之認識：第一，除順治、乾隆與宣統外，其餘各時期的滿、蒙旗籍人數比例趨於固定；第二，乾隆時期滿洲旗籍人數比例特高；第三，漢軍旗比例愈來愈低；第四，關內各直省漢籍人員的比例則愈來愈高。

　　在本表之前，關於清代總督籍貫的滿漢比例已有二個統計表，首先是王家儉依據嚴懋功《清代徵獻類編》所作成清代總督籍貫分析表，另外是楢木野宣《清代重要職官之研究》所作成的總督籍貫表，兩相比較，其間的差異有多少，或可作為本文的參考。

表 2-2　王家儉、楢木野宣與本文統計之有關總督旗籍之比例表

統計者	滿洲	蒙古	漢軍	漢籍	合計
王家儉	210	18	77	288	593
比　例	35.91%	3.03%	12.98%	48.58%	100%
楢木野宣	225	18	113	305	661
比　例	34.04%	2.72%	17.10%	46.14%	100%
本　文	237	20	116	313	686
比　例	34.55%	2.92%	16.91%	45.62%	100%

　　自上表所示，雖因依據統計資料各有不同，所得之結果卻極為相近，故清代總督籍貫之比例，本文所作之表，應可作為參考的標準。但學術界一般對籍貫之比較，並非僅有分成四類之比較，另有滿漢人比例，或是旗漢籍比例。

表 2-3　本文統計有關滿漢旗籍比例四類表

滿漢人	人數	比例	旗漢籍	人數	比例
滿蒙	257	37.46%	旗籍	373	54.37%
漢人	429	62.54%	漢籍	313	45.63%

從上表得知，漢軍旗人數雖僅一百一十六名，所佔比例僅約六分之一，但在各種清代滿漢比較研究問題中，其歸類處於相當重要的關鍵地位。如以種族來分析，清代總督漢人比例將近三分之二，處於絕對多數；但如以籍貫來區分，則漢籍不到一半的比例，旗籍佔較大的優勢。接下來，分析清代各朝各籍總督所佔比例之演變狀況，從中來看清代總督籍貫滿漢消長之情形。基本上，嘉慶以後旗籍比例穩定，而乾隆以前則總督旗籍的分配是朝廷重要的考量，所以本章首節以「旗籍」論前期總督之甄補；而次節則以「出身」論後期總督之任用。

一、順治朝以漢軍八旗爲主

順治朝任用總督共計四十九人，全都是漢人，其中漢軍旗籍有三十九人，漢人十人。漢軍八旗幾乎佔百分之八十，因漢軍旗多係於滿清尚未入關之前，即在關外已歸順滿洲之漢人，世祖入關之際，以其歸順較早，易獲信任，兼具格於形勢，不得不採用以漢制漢之政策，是以漢軍旗籍人氏比較易受任用爲總督。

> 孟喬芳，直隸永平人，原爲明朝副將。天聰四年，降清追隨皇太極，隸烏眞超哈爲牛彔額眞。崇德四年，烏眞超哈析置八旗四固山，以喬芳兼領正紅、鑲紅兩旗梅勒額眞。崇德七年，從伐明，克塔山城。烏眞超哈八旗復析置八固山，改鑲紅旗梅勒額眞，遂爲漢軍鑲紅旗人。〔註7〕

孟喬芳後來在順治朝擔任陝西三邊總督達十年之久，是清初奠定國家西北邊疆最重要的人物。

> 張存仁，遼陽人，明寧遠副將。天聰五年，從祖大壽出降。崇德元年，授世職一等梅勒章京。漢軍旗定制，隸鑲藍旗。崇德七年六月烏眞超哈始分置八固山，授存仁鑲藍旗梅勒額眞。〔註8〕

〔註7〕　見《清史稿》卷237頁9475～9476之記載。
〔註8〕　見《清史稿》卷237頁9475～9476之記載。

張存仁後來在順治朝擔任浙江與直隸山東河南總督，是清初奠定國家東南半壁的重要人物。

> 沈文奎，浙江會稽人。少寄育外家王氏，因其姓。年二十，爲明諸
> 生。天聰三年，從貝勒豪格以歸，命值文館。漢軍旗制定，隸鑲白
> 旗。〔註9〕

王文奎，原名沈文奎，後來在順治朝擔任陝西、漕運、淮揚等處總督，對清初國勢之底定有大貢獻。

> 馬國柱，遼陽人。天聰間，以諸生直文館。天聰八年，太宗命禮部
> 設科取士，中式爲舉人，國柱與焉。直文館如故。崇德初，始置都
> 察院。三年，授國柱理事官。漢軍旗制定，隸正白旗。〔註10〕

馬國柱後來在順治朝擔任宣大山西、江南江西河南等處總督，對清初西北與東南國勢之底定有相當大的貢獻。

> 羅繡錦，亦遼陽人，以諸生來歸。天聰五年，與馬鳴佩同授工部啓
> 心郎。崇德元年五月，授內國史院學士。纂太祖實錄成，得優賚。
> 漢軍旗制定，隸鑲藍旗。七年，兼牛彔額眞。〔註11〕

羅繡錦後來在順治朝擔任湖廣四川總督，與滿洲親貴豫親王多鐸、順承郡王勒克德渾，及定南大將軍恭順王孔有德等並肩作戰，征戰流寇與南明。

> 李棲鳳，字瑞梧，廣寧人，本貫陝西武威。馬鳴佩，字潤甫，遼陽
> 人，本貫山東蓬萊。棲鳳、鳴佩皆以諸生來歸，事太宗，並值文館。
> 崇德元年，甄別文館諸臣，棲鳳、鳴佩俱列二等，賜人戶、牲畜。
> 漢軍旗制定，同隸鑲紅旗。〔註12〕

李棲鳳、馬鳴佩與馬國柱、王文奎、羅繡錦等皆以諸生來歸，李棲鳳後來擔任順治朝兩廣總督；馬鳴佩也擔任宣大山西、江南江西等處總督。

二、康熙雍正兩朝三籍平衡

　　康熙、雍正兩朝任用總督共計一百四十七員，漢軍五十七員仍爲第一，滿洲則有四十八員居次，漢人四十一員第三（另有蒙古一員），已趨平衡。可

〔註9〕　見《清史稿》卷237頁9507之記載。
〔註10〕見《清史稿》卷239頁9517～9518之記載。
〔註11〕見《清史稿》卷239頁9520～9521之記載。
〔註12〕見《清史稿》卷239頁9513之記載。

見聖祖及世宗二帝，可能對總督人選較無種族偏見，但更大的可能或許是時局所需。尤其世宗時期，最有名的三大總督滿洲鄂爾泰、漢軍田文鏡、漢人李衛，剛好屬於三種不同籍貫的總督人物。現舉七位滿洲、漢軍、漢人等傑出總督如下：

> 麻勒吉，滿洲正黃旗人。順治九年壬辰歲，初設滿洲進士科，麻勒吉廷試第一甲第一人，授翰林院修撰、文學侍從，卓有聲名。〔註13〕

麻勒吉是順治朝首屆滿洲第一名的進士，後來在康熙朝受到重用，陞授江南江西總督。興利除弊，政無不舉。

> 鄂爾泰，字毅庵，西林覺羅氏，滿洲鑲藍旗人，世居汪欽。屯泰曾孫。康熙三十八年舉人。四十二年，襲佐領，授三等侍衛。從聖祖獵，和詩稱旨。五十五年，遷內務府員外郎。世宗在藩邸，偶有所囑，鄂爾泰拒之。世宗即位，召曰：「汝爲郎官拒皇子，其執法甚堅。」深慰諭之。雍正元年，充雲南鄉試考官，特擢江蘇布政使。〔註14〕

鄂爾泰崛起於康熙朝，而在雍正朝獲得大用，曾出任雲南貴州廣西總督，平定苗疆之亂，並改土歸流，對清朝疆域之鞏固有很大之貢獻。

> 年羹堯，字亮工，漢軍鑲黃旗人。康熙三十九年進士，改庶吉士，授檢討。迭充四川、廣東考官，累遷內閣學士。〔註15〕

年羹堯於康熙五十七年特授爲四川總督，五十九年授定西將軍，六十年兼理四川陝西總督。是康雍之際，最重要的封疆大吏。

> 田文鏡，漢軍正黃旗人。康熙二十二年，以監生授福建長樂縣丞，遷山西寧鄉知縣，再遷直隸易州知州。文鏡初隸正藍旗，命擡入正黃旗。〔註16〕

田文鏡於雍正六年五月出任河南山東總督，又兼東河、北河總督。而他本爲漢軍正藍旗，後受寵擡旗，改爲上三旗的正黃旗。

> 于成龍，字北溟，山西永寧人。明崇禎間副榜貢生。順治十八年，謁選，授廣西羅城知縣，年四十五矣。是年冬上南巡至江寧，諭知府于成龍曰：「爾務效前總督于成龍正直潔清，乃爲不負。」〔註17〕

〔註13〕見《碑傳集》卷64〈麻勒吉〉，頁1790之記載。
〔註14〕見《清史稿》卷288〈鄂爾泰〉，頁10229之記載。
〔註15〕見《清史稿》卷295〈年羹堯〉，頁10355之記載。
〔註16〕見《清史稿》卷294〈田文鏡〉，頁10337之記載。
〔註17〕見《清史稿》卷277〈于成龍〉，頁10083～10087之記載。

清朝有兩位名叫于成龍的總督,年紀較大一位是山西永寧人,在康熙二十年當過江南江西總督。另一位年紀較小的于成龍則是漢軍鑲黃旗人。當時,總督大于成龍提拔知州小于成龍爲江寧知府。

> 于成龍,字振甲,漢軍鑲黃旗人。康熙七年,自廩生授直隸樂亭知
> 縣。二十年,直隸巡撫于成龍遷兩江總督,疏薦可大用;會江寧府
> 缺員,疏請敕廷臣推清操久著與相類者,上即以命成龍。〔註18〕

兩位于成龍都當過直隸巡撫,而大于成龍當過兩江總督,小于成龍則當過河道總督。而大小于成龍皆廉潔幹練,對治理江南有不錯的成績。

> 李衛,字又玠,江南銅山人。入貲爲員外郎,補兵部。康熙五十八
> 年,遷戶部郎中。世宗即位,授直隸驛傳道,未赴,改雲南鹽驛道。
> 〔註19〕

李衛在雍正朝曾任浙江總督與直隸總督,與鄂爾泰、田文鏡等,號稱雍正朝三大總督。

三、乾隆朝以滿人爲主

乾隆朝任用總督最多共計一百三十四員,其中滿人有八十五員,佔百分之六十以上。這也是清朝入關之後十位皇帝中,滿人總督所佔比例唯一超過半數的一個時期,可見高宗對滿漢畛域之重視。漢軍旗總督,一代少於一代,從順治朝百分之八十,康熙朝百分之四十,雍正朝百分之三十,乾隆朝以後則俱在百分之十以下,此乃人數相對較少及時代的改變所形成。另乾隆時期蒙古人任總督者也提高到了四員,可見經歷康熙與雍正的治理,以漢治漢的政策已漸有改變。現舉五位在乾隆時期任用較有成就的滿洲總督。

> 尹繼善,字元長,章佳氏,滿洲鑲黃旗人,大學士尹泰子。雍正元
> 年進士,改庶吉士,授編修。五年,遷侍講,尋署戶部郎中。〔註20〕

尹繼善在雍正朝當了七年的總督,而在乾隆朝則當了三十幾年總督,他是清代任期最久,也是最多在轄區與河道任職的總督。

> 慶復,字瑞園,佟佳氏,滿洲鑲黃旗人,佟國維第六子。雍正五年,
> 襲一等公,授散秩大臣。遷鑾儀使,兼領武備院事。七年,授正白

〔註18〕 見《清史稿》卷 279〈于成龍〉,頁 10124 之記載。
〔註19〕 見《清史稿》卷 294〈李衛〉,頁 10333 之記載。
〔註20〕 見《清史稿》卷 307〈尹繼善〉,頁 10545 之記載。

旗漢軍副都統。八年，遷正藍旗漢軍都統。〔註21〕

慶復在雍正朝任官，曾出任漠北定邊大將軍。乾隆二年授兩江總督，後移督
雲貴、兩廣、川陝。

> 那蘇圖，戴佳氏，字義文，滿洲鑲黃旗人。康熙五十年，襲拖沙喇
> 哈番世職，授藍翎侍衛。雍正初，四遷兵部侍郎。四年，出爲黑龍
> 江將軍。八年，調奉天將軍。乾隆元年，擢兵部尚書。〔註22〕

那蘇圖於乾隆二年接慶復爲兩江總督，後出署湖廣總督，又調回兩江，再調
閩浙、兩廣、直隸、河道等總督。

> 吳達善，字雨民，瓜爾佳氏，滿洲正紅旗人，陝西駐防。乾隆元年
> 進士，授戶部主事。累擢至工部侍郎、鑲紅旗滿洲副都統。〔註23〕

吳達善在乾隆二十四年代黃廷桂爲陝甘總督，後又出任雲貴、陝甘、湖廣等
總督，最後三度調回陝甘總督。

> 福康安，字瑤林，富察氏，滿洲鑲黃旗人，大學士傅恆子也。初以
> 雲騎尉世職授三等侍衛。再遷頭等侍衛。擢戶部侍郎、鑲黃旗滿洲
> 副都統。正白旗滿洲都統，吉林、盛京將軍。〔註24〕

福康安在乾隆四十五年出任雲貴總督，並在乾隆朝後期出任四川、陝甘、閩
浙、兩廣、四川、雲貴、閩浙等處總督。

四、嘉慶以後六朝以漢人爲主

嘉慶以後六朝任用總督三百五十六員，其中漢人二百二十二員，超過六成
的比例。尤其是同治等最後三朝，漢籍總督均達七成左右，這和太平天國戰役，
湘軍、淮軍等漢籍將帥分任各地總督有關。現舉六位傑出的漢人總督如下：

> 阮元，字伯元，江蘇儀徵人。乾隆五十四年進士，選庶吉士，散館第
> 一，授編修。逾年大考，高宗親擢第一，超擢少詹事。召對，上喜曰：
> 「不意朕八旬外復得一人！」直南書房，懋勤殿，遷詹事。五十八年，
> 督山東學政，任滿，調浙江。歷兵部、禮部、戶部侍郎。〔註25〕

阮元在嘉慶朝曾出任漕運總督與兩廣總督，並在道光朝出任雲貴總督。後入

〔註21〕見《清史稿》卷297〈慶復〉，頁10395之記載。
〔註22〕見《清史稿》卷308〈那蘇圖〉，頁10565之記載。
〔註23〕見《清史稿》卷309〈吳達善〉，頁10611之記載。
〔註24〕見《清史稿》卷330〈福康安〉，頁10917～10919之記載。
〔註25〕見《清史稿》卷364〈阮元〉，頁11421之記載。

中央擔任體仁閣大學士，並晉太傅。

> 林則徐，字少穆，福建侯官人。嘉慶十六年進士，選庶吉士，授編
> 修。歷典江西、雲南鄉試，遷御史。〔註26〕

林則徐在道光十一年出任河東河道總督，十七年出任湖廣總督，先後授兩江總督，再調補兩廣總督，又署陝甘總督，任雲貴總督。

> 曾國藩，字滌生，湖南湘鄉人。道光十八年進士。二十三年，以檢
> 討典試四川，再轉侍讀，累遷內閣學士、禮部侍郎，署兵部。〔註27〕

曾國藩於咸豐十年出任兩江總督，咸豐十一年，節制江蘇、安徽、江西、浙江四省。後調任直隸總督，還任兩江總督。

> 李鴻章，字少荃，安徽合肥人。道光二十七年進士，改庶吉士，授
> 編修。從曾國藩游，講求經世之學。〔註28〕

李鴻章先於同治四年署理兩江總督，後又於同治朝與光緒朝，出任湖廣、直隸、兩廣、直隸等處總督。

> 劉坤一，字峴莊，湖南新寧人。廩生。咸豐五年，領團練從官軍克
> 茶陵等地，敘功以教諭即選。六年，駱秉章遣劉長佑率師援江西，
> 坤一為長佑族叔而年少，師事之，從軍中自領一營。〔註29〕

劉坤一於同治十一年署兩江總督。光緒元年，擢兩廣總督。光緒二年，調授兩江總督。光緒十二年，丁繼母憂。十六年，仍授兩江總督。二十七年，偕張之洞會議請變法。

> 張之洞，字香濤，直隸南皮人。年十六，舉鄉試第一。同治二年進
> 士，廷對策不循常式，用一甲三名授編修。六年，充浙江鄉試副考
> 官，旋督湖北學政。十二年，典試四川，就授學政。〔註30〕

張之洞於光緒七年出任兩廣總督，二十一年，代劉坤一督兩江，至則巡閱江防，江南自強軍。尋還任湖北。二十六年，京師拳亂，時劉坤一督兩江，李鴻章督兩廣，張之洞督湖廣，同與外國領事定保護東南之約。二十八年，充督辦商務大臣，再署兩江總督。明年入覲，充經濟特科閱卷大臣。三十二年，晉協辦大學士。

〔註26〕見《清史稿》卷369〈林則徐〉，頁11489之記載。

〔註27〕見《清史稿》卷405〈曾國藩〉，頁11907之記載。

〔註28〕見《清史稿》卷411〈李鴻章〉，頁12011之記載。

〔註29〕見《清史稿》卷413〈劉坤一〉，頁12046～12047之記載。

〔註30〕見《清史稿》卷437〈張之洞〉，頁12377之記載。

五、蒙古籍總督的作用

清代共有二十位蒙古總督，分別是康熙時期有一員，乾隆、嘉慶與光緒時期各有四員，道光與咸豐時期各有三員，另同治時期有一員。滿洲與蒙古的關係頗為密切，任用蒙古人當總督，也有滿蒙漢一家的表象作用。

表2-4　清代蒙古籍總督一覽表

次	名	旗	出　身	年　代	轄　區	出處
1	多諾	鑲黃	參領	康熙八年九月	山陝	徵獻
2	班第	鑲黃	官學生	乾隆四年七月	湖廣	稿318
				乾隆十八年	兩廣	
3	特成額	正紅	將軍	乾隆四十八年四月	湖廣	
				乾隆五十一年	雲貴	
4	保寧	正白	侍衛	乾隆五十一年三月	四川	稿348
5	惠齡	正白	戶部筆帖式	乾隆五十六年十一月	四川	稿351
				嘉慶六年	陝甘	
6	松筠	正藍	理藩院筆帖式	嘉慶四年二月	陝甘	稿348
				嘉慶十四年	兩江	
				嘉慶十六年	兩廣	
7	全保	鑲黃	理藩院筆帖式	嘉慶四年十一月	（護）東河	國194
8	長齡	正白	工部筆帖式	嘉慶十二年五月	陝甘	稿373
				道光四年	雲貴	
9	和瑛（寧）	鑲黃	進士	嘉慶十四年正月	（署）陝甘	稿359
10	恩特亨額	正紅	葉爾羌參贊大臣	道光十五年八月	漕運	季237
				道光二十年	陝甘	
11	裕謙	鑲黃	進士	道光二十年七月	兩江	稿378
12	璧昌	鑲黃	工部筆帖式	道光二十三年三月	兩江	稿374
13	慶祺	正白	將軍	咸豐八年六月	直隸	季247
14	伯貴	正黃	舉人	咸豐七年十二月	（署）兩廣	列43
15	恆福	鑲黃	廩生	咸豐九年二月	直隸	列48
16	恩麟	正黃	進士	同治元年七月	（護）陝甘	季237

17	奎斌	鑲白	生員	光緒十三年四月	（兼署）湖廣	徵巡光 10
18	希元	正黃	將軍	光緒十七年十二月	（兼署）閩浙	季 234
19	錫良	鑲藍	進士	光緒二十七年四月	東河河道	稿 455
				光緒二十九年	四川	
				光緒三十三年	雲貴	
				宣統元年	東三省	
20	升允	鑲藍	舉人	光緒三十一年正月	閩浙	季 229
				光緒三十一年	陝甘	

第二節　出身之考量

　　總督在明朝為文官體系，但清初為了拉攏歸順之前朝武將，而授之以位尊權高的總督官職，使得清朝的總督雖仍為文官，但其出身卻有文職系統也有武職系統官員。

一、仕途出身之種類

　　清承明制，以科舉取士，任官頗為注重正途出身。凡官之出身有八類，一曰進士；二曰舉人；三曰貢生；四曰蔭生；五曰監生；六曰生員；七曰官學生；八曰吏。無出身者，滿洲、蒙古、漢軍曰閒散，漢籍曰俊秀。進士又有文進士及滿洲、蒙古繙繹進士；舉人有文舉人，滿洲、蒙古繙繹舉人及漢軍武舉；貢生有恩貢生、拔貢生、副貢生、歲貢生、優貢生及例貢生；蔭生有恩蔭生與難蔭生；監生有恩監生、優監生、蔭監生及例監生；生員有文生員，滿洲、蒙古繙繹生員及漢軍武生員；官學生有八旗官學生、義學生、覺羅學生與算學生；吏有供事、儒士、經承、書吏、承差、典吏及攢典。〔註31〕

　　文進士、文舉人出身者，均謂之科甲出身。與恩、拔、副、歲、優貢生，及恩優監生、蔭生為正途。其餘經保舉者，亦同正途出身。旗人並免保舉，皆得同正途出身。關於正途與異途之別，《清史稿選舉志》這樣說：

　　　　凡滿漢入仕，有科甲、貢生、監生、蔭生、議敍、雜流、捐納、官
　　　　學生、俊秀。定制，由科甲及恩、拔、副、歲、優貢生、蔭生出身

〔註31〕見《光緒大清會典》卷 7 之記載。

者,為正途,餘為異徒。……其由異途出身者,漢人非經保舉,漢
軍非經考試,不授京官及正印官。所以別流品,嚴登進也。〔註32〕

異途經保舉,雖也同正途,但仍不得考選科道。又除旗員外,非科甲正途不
得為翰林院、詹事院及吏部、禮部官。不過,由捐納而得的例貢、例監,如
係由生員援例入監者,也算正途。異途與正途故屬殊途,便是舉人、貢生、
監生雖同屬正途,但貢生、監生與舉人的授官,也頗為懸殊。舉人與進士雖
同屬科甲,而甲榜與乙榜的入仕,更相軒輊。

　　筆帖式是指滿洲文書吏員,此官職配置於朝廷或地方的輔助部門,官等
為正六品至正九品。該官職主要從事工作為負責翻譯漢滿奏章與文書抄寫,
清初還負責奏章滿漢文間的校注。

本朝諸司衙門,各置滿洲、蒙古、漢軍筆帖式,以繙譯清漢章奏文
牘。蓋即金元女直令史譯史,蒙古筆且齊之職,而其原實沿歷代令
史遺制。特是唐宋用人頗輕,而今筆帖式登用之廣,遷擢之優,固
非前代僅稱雜流者所可比也。〔註33〕

今以進士、舉人、諸生(包括貢生、蔭生、監生、生員、官學生等)、筆帖式、
文職、武職與其他等項,加以統計,以探討總督之出身。

表 2-5　清代各時期總督出身統計表

時期	進士	舉人	諸生	筆帖式	文職	武職	其他	合計
順治	8	1	16	1	6	10	7	49
康熙	18	6	24	21	6	17	4	96
雍正	15	1	11	4	4	9	7	51
乾隆	32	16	21	23	11	14	17	134
嘉慶	37	5	10	11	1	4	4	72
道光	53	2	10	4	5	6	5	85
咸豐	35	3	8	1	1	5	3	56
同治	19	6	6	1	1	3	3	39
光緒	41	9	17	4	2	4	9	86
宣統	6	3	2	1	1	3	2	18
合計	264	52	125	71	38	75	61	686

〔註32〕見《清史稿》117〈志〉92〈選舉〉5之記載。
〔註33〕見《清朝通志》64〈職官署〉1之記載。

二、前期總督進士出身非考量重點

順治、康熙、雍正、乾隆四朝甄補總督共計三百三十員,而進士出身者七十三員,僅不到四分之一,這尚低於整個清代總督人物出身進士的比例。關於清代總督人物中,出身進士比重之研究,王德昭的《清代科舉制度研究》與楢木野宣的《清代重要職官研究》都有敘述。

表2-6 清代總督出身比例

統計者	總督人數	出身進士人數	百分比
王德昭	585	181	30.94%
楢木野宣	661	263	39.78%
本文作者	686	264	38.48%

以上三家統計結果雖有出入,但皆在三成至四成之間,王德昭所統計總督出身進士比例最低。另王德昭的研究中,亦有將六部尚書、左都御史、總督、巡撫等高層官吏,出身進士的比例作一統計。

表2-7 王德昭所作清代部院級文官出身進士統計分析

官 職	總 數	出身進士	百分比
六部尚書	744	339	45.56%
左都御史	430	221	51.39%
總督	585	181	30.94%
巡撫	989	390	39.43%

從上表所示,得知清代內外層文官中,總督人物出身進士比例最低,大概是總督主要任務原為指揮軍務之故。尤其清初總督因軍務較繁,武職出身者多,故出身進士比例不高。但在清代前期,進士出身的總督比例更低。

在順治時期,前明許多將領歸順新朝,擔任總督職務者,最著名的當屬孟喬芳與張存仁,他倆都是明朝副將出身。另外李國英也是前明將領來歸,他是總兵出身。

> 李國英,漢軍正紅旗人,初籍遼東。仕明隸左良玉部下,官至總兵。順治二年,與良玉子孟庚來降。三年,從肅親王豪格下四川,討張獻忠,授成都總兵。五年,擢四川巡撫。……十四年,擢陝西四川

總督。〔註34〕

到了康熙時期，仍有許多總督是武職出身，如金光祖、蔡毓榮、董衛國等皆是。董衛國曾任江西、湖廣等處之總督。

> 董衛國，漢軍正白旗人。初授佐領，累官秘書院學士。順治十八年，
> 擢山西巡撫。康熙四年，加工部尚書銜。十三年，改兵部尚書銜。……
> 尋改設江西總督，以命衛國。〔註35〕

除了漢軍旗外，康熙時期的蒙古、滿洲總督也很多是武職出身，例如蒙古鑲黃旗的多諾與滿洲鑲黃旗的鄂善皆是。

> 鄂善，納喇氏，滿洲鑲黃旗人。初自侍衛授秘書院學士，遷副都御
> 史。康熙九年，授陝西巡撫。十一年，擢山西陝西總督，尋改專督
> 陝西。〔註36〕

另外，在康熙、乾隆時期，各有二十幾員總督是出身筆帖式，也就是通滿漢文的文書人員。

> 阿席熙，瓜爾佳氏，滿洲鑲紅旗人。自兵部筆帖式四遷光祿寺卿。
> 考滿，輔政大臣鰲拜等令解任，隨旗行走，復坐事奪官。聖祖親政，
> 鑒其無罪，命以郎中用。七年，超擢陝西布政使。舉卓異，擢巡撫。
> 康熙十二年，遷江南江西總督。〔註37〕

清代筆帖式出身擔任總督者共七十一員，康熙時期就有二十一員，而乾隆時期更有二十三員，合計四十四員。這兩朝就超過六成，可說是筆帖式出身的黃金時期。

> 完顏偉，完顏即其氏，滿洲鑲黃旗人。雍正間，自內務府筆帖式累
> 遷戶部員外郎。命往江南學習河務。乾隆二年，授浙江海防道。調
> 江南河務道，尋擢浙江按察使。方建尖山壩工，巡撫盧焯奏以偉督
> 工，歲賚銀五百。六年，命為江南副總河，就擢河道總督。〔註38〕

三、嘉慶道光咸豐三朝以進士出身為主

嘉慶、道光、咸豐三個時期，甄補總督共計二百一十三員，其中進士出

〔註34〕見《清史稿》240〈李國英〉，頁9529～9530之記載。
〔註35〕見《清史稿》256〈董衛國〉，頁9795之記載。
〔註36〕見《清史稿》256〈鄂善〉，頁9794之記載。
〔註37〕見《清史稿》273〈阿席熙〉，頁10041之記載。
〔註38〕見《清史稿》310〈完顏偉〉，頁10636之記載。

身者達一百二十五員，幾近六成。清代入仕，進士和舉人、貢生雖同屬正途，
但卻判若兩途。進士內除授翰林院修撰、編修、檢討、庶吉士、六部主事、
內閣中書、鴻臚寺行人、大理寺評事、國子監監丞、博士、助教、太常寺博
士；進士外除授知州、知縣、推官與教授等職。舉人經揀選、考職或大挑，
乃得任內閣中書、國子監學正、學錄或知縣、州學正、縣教諭等官。優、拔
貢生、蔭生和其他貢監考職，比之舉人，更等而下之。所以清代有「科甲進
士，高自位置；他途進者，依附從人」之說，科甲尤以入翰林為重，其勢在
明代已然，明代有「非進士不入翰林，非翰林不入內閣」之言。《清史稿選
舉志·志》云：

> 庶吉士三年考試散館，優者留翰林為編修、檢討，次者改給事中、
> 御史、主事、中書、推官、知縣、教官，其例先後不一。……凡留
> 館者，調遷異他官。有清一代宰輔，多由此選。其餘列卿尹，膺疆
> 寄者，不可勝數。士子咸以預選為榮，而鼎甲尤所企望。〔註39〕

另外，清朝朱克敬作《翰林儀品記》曰：

> 國朝士路，以科目為正，科目尤重翰林，卜相非翰林不與；大臣飾
> 終必翰林始得諡文；他官敘資，亦必先翰林。……自康、雍以來，
> 名臣大儒多起翰林，……故論者終以翰林為清品云。

在國家承平時期，文官體系的總督自然由科舉制度拔擢較多。接著，來
分析清代各時期任用的總督人物中，出身進士比例消長情形。

表2-8　清代各時期總督進士比例

時期	總數	出身進士	百分比
順治	49	8	16%
康熙	96	18	19%
雍正	51	15	29%
乾隆	134	32	24%
嘉慶	72	37	51%
道光	85	53	62%
咸豐	56	35	62%
同治	39	19	49%

〔註39〕見《清史稿》108，〈職官志〉3之記載。

光緒	86	41	48%
宣統	18	6	33%
合計	686	264	38.48%

　　嘉慶、道光、咸豐三個時期，國家內部統治進入穩定狀態，較重文治，因而出身進士比例皆超過五成，道光、咸豐二個時期甚至達到六成。這是清代總督出身進士最多的時期。

　　　　顏伯燾，字魯輿，廣東連平人，巡撫希深孫，總督檢子。嘉慶十九
　　　　年進士，選庶吉士，授編修。道光二年，出爲陝西延榆綏道、督糧
　　　　道。……伯燾累世膺疆寄，嫻習吏治，所至有聲。二十年，擢閩浙
　　　　總督。〔註40〕

顏伯燾是嘉慶時期的進士，而在道光時期當上總督。季芝昌則是道光時期的進士，而在咸豐時期當上總督。

　　　　季芝昌，字仙久，江蘇江陰人。父麟，直隸鉅鹿知縣，居官慈惠。
　　　　嘉慶十八年，捕邪教，焚其籍，免株連數千人。坐捕匪不力，戍伊
　　　　犁。芝昌年逾四十，成道光十二年一甲三名進士，授編修，散館第
　　　　一。……三十年，擢左都御史。咸豐元年，出爲閩浙總督。〔註41〕

四、同治光緒宣統以軍功出身爲主

　　同治光緒宣統三朝甄補總督共計一百四十三員，進士出身者六十六員，又降爲不到五成。這是因爲太平天國之亂，以軍功起家者多，總督出身進士比例又較爲降低。清代總督非進士出身者，雖仕途較進士出身者爲艱，但其治事能力，非但不輸進士出身者，且有過之。當時有人認爲科舉制度空疏無用，消磨人才。乾隆三年，兵部侍郎舒赫德上疏請廢科舉，其於時文，曰：

　　　　古人詢事考古，其所言者，即其居官所當爲之職事也。今之時文，徒
　　　　空言而不適於用，此其不足以得人者一；墨卷房行，輾轉抄襲，膚詞
　　　　詭說，蔓衍支離，以爲苟可以取科第而止，其不得以得人心者二。

科舉不一定能造就人才，人才的登進與科舉並不一定有絕對關係。清初雍正時期三大名總督，鄂爾泰是舉人出身，李衛與田文鏡皆是監生出身。清末左

〔註40〕見《清史稿》371〈顏伯燾〉，頁11509之記載。
〔註41〕見《清史稿》375〈季芝昌〉，頁11568～11569之記載。

宗棠也是舉人出身，劉坤一是附貢，官文為筆帖式。以上著名總督，皆非進士出身而有傑出表現者。先舉由舉人出身因戰功而任總督者。

> 吳棠，字仲宣，安徽盱眙人。道光十五年舉人，大挑知縣，分南河，
> 補桃源。調清河，署邳州。山東捻匪入境，率團勇擊走之，還清河。
> 咸豐三年，粵匪陷揚州，時圖北竄，棠招集鄉勇，分設七十二局，合
> 數萬人，聯絡鄰近十餘縣，合力防禦，有聲江、淮間。……十一年，
> 擢江寧布政使，署漕運總督。……同治二年，實授漕運總督。〔註42〕

吳棠為漢人之舉人出身因戰功而任總督者，英翰則為滿洲之舉人出身，亦因戰功而陞至總督者。

> 英翰，字西林，薩爾圖氏，滿洲正紅旗人。道光二十九年舉人。咸
> 豐四年，揀發安徽，以知縣用。九年，署合肥。粵匪擾皖北，督鄉
> 團擊敗之。又破賊華子岡、小河灣，擢同知。十一年，署宿州。同
> 治元年，捻匪來犯，英翰偕總兵田在田克高黃山寨，……十三年，
> 擢兩廣總督。〔註43〕

除了舉人出身以外，其餘諸生、文職小吏出身，或是捐納者，都可因戰功升任至總督疆臣。

> 楊昌濬，字石泉，湖南湘鄉人。粵寇亂，以諸生從羅澤南治團練，
> 出援湖北，連復廣濟、黃梅，敘訓導。從征贛、皖，戰楓樹嶺，下
> 德興，戰高沙，下婺源，頻有功，遷知縣。同治元年，從左宗棠入
> 浙，……光緒四年，起佐新疆軍事。數遷至漕運總督。〔註44〕

楊昌濬是諸生出身，屬曾國藩湘軍舊部，後來當上漕運、閩浙、陝甘等處總督。除了這些團練起家而有戰功之漢人總督外，滿人也有不少基層官員因戰功逐次陞至總督者。

> 長庚，字少白，伊爾根覺羅氏，滿洲正黃旗人。以縣丞保知縣。伊
> 犁將軍榮全調充翼長。……兩軍夾擊，殲擒殆盡，卒解沙山子圍。
> 旋贊都統金順戎幕，總理營務，積勳至道員。光緒六年，授巴彥岱
> 領隊大臣。未幾，……宣統元年，遷陝甘總督。〔註45〕

〔註42〕 見《清史稿》425〈吳棠〉，頁12222～12223之記載。
〔註43〕 見《清史稿》425〈英翰〉，頁12224～12226之記載。
〔註44〕 見《清史稿》447〈楊昌濬〉，頁12495～12496之記載。
〔註45〕 見《清史稿》453〈長庚〉，頁12596～12599之記載。

長庚以縣丞出身，歷任知縣、道員、副都統、駐藏大臣、伊犁將軍、兵部尚書等官職，最後當上陝甘總督。

第三章　人事遞嬗

　　清代總督的人事制度相當複雜，他們的甄補、任免、離職、陞遷、轉調、署理等有法令規章，也有權宜措施。雖然總督的甄補與遷轉程序有多種，其中廷臣會推、開列具題、特旨補放三類最為重要。

　　清制，六部、大理寺、都察院、通政司，合稱九卿。凡遇應議大政，由九卿會議。〔註1〕因之，關於總督甄補，清初由廷臣會推，然後報由皇帝裁決，但廷臣會推結果，並非即是總督甄補之決定，只是向皇帝推舉適任人員。皇帝固可從廷臣之所舉，亦可駁會推之所薦而另作選用。

　　清初廷臣會推實施不久即改為開列具題。清代文官制度中，將總督官職，劃歸請旨缺或開列授，此乃依正規規制，甄補總督的一種途徑。所謂請旨缺，乃官職之缺，必須由皇帝選派授任之謂。此項缺出，例由吏部開列適格受任人員之名單，隨題本奏呈皇帝，由皇帝就單開人員中選定一人授職，因又稱開列具題。大清會典云：外官督撫藩臬以開列，此為甄補總督最正規的方式，也是最常用的甄補途徑。康熙初年，總督員缺，副都統也列入開列具題。

> 議政王等遵旨會議：滿洲官員開列督撫布按二司例，嗣後，總督員
> 缺，應將滿洲旗下副都統、蒙古旗下副都統，并侍郎開列。如不用，
> 將學士、副都御史開列。……得旨：督撫員缺，著將滿洲、漢軍、
> 漢人補授之處，臨期請旨具奏。餘依議。〔註2〕

雍正以後，軍機大臣成為皇帝的樞臣，常參與此項工作，尤其像總督這種封疆大吏出缺，有旨開列應補應陞人員時，由軍機大臣繕遞名單。

〔註1〕　見《清朝文獻通考》82〈職官〉6之記載。
〔註2〕　見《清聖祖仁皇帝實錄》，康熙六年十二月壬申條之記載。

乾隆二十四年，陝甘總督楊應琚奏：「西陲平定，幅員廣大，陝西甘
肅非一總督所能兼理。」經下部議，於七月議上，得旨：「以開泰補
放川陝總放甘肅總督。」即是。〔註3〕

清代專制獨裁政體，一切大權，總攬於皇帝，總督為地方高級軍政首長，任
用得人，關乎民生、吏治甚鉅。是故清代甄補總督，皆由皇帝特旨補授，單
獨操完整的任用全權。乾隆四十七年十月的上諭即顯示皇帝獨攬人事權。

上諭：「直隸總督一缺，向俱於漢大臣中簡員補放，現在各省漢巡撫
中，再四籌度，實無可以勝任之人。因思前任總督袁守侗持服守制
已滿一年，所有直隸總督缺，即著袁守侗署理。」〔註4〕

所以不論是廷臣會推或是開列具題，最終必須由皇帝選定特旨補放。但皇帝
大多較少自己決定人選，大多數均由吏部或軍機大臣開列具題，提列人選。
當然皇帝對開列人選均不滿意時，才會另作選用。

第一節　甄補與離職

一、總督任官方式

總督的任官方式，有實授、署理、兼署、護理印務、兼管等各種方式，
分別述之如下：

（一）實　授

實授又有除，補、轉、改、調、陞等類例。〔註5〕「除」乃開始授官職於
有官吏之資格者；另署理期滿，被任命為正官時皆謂之除。「補」乃既有官職
者，或因事故，暫時失其職務，事故已經消滅，再復職於原衙門，或被採用
於他衙門謂之補也。

丁酉，……而李衛又復懇請再三，著准其解任調治，以期速痊，即
行奏聞來直辦事。直隸總督印務，著吏部尚書孫嘉淦速行前往署
理；……甲辰，……實授孫嘉淦為直隸總督。〔註6〕

〔註3〕 見《清高宗純皇帝實錄》，乾隆二十四年七月二十九日丁丑條之記載。
〔註4〕 見《清高宗純皇帝實祿》，乾隆四十七年十月甲申條之記載。
〔註5〕 見《光緒大清會典》卷七。
〔註6〕 見《清高宗純皇帝實錄》，乾隆三年十月十八日丁酉條及同年十月二十五日甲
辰條之記載。

「轉」乃謂一衙門之官吏，遷任於同一衙門，品級相同，而格式稍高之官謂之轉也。「改」乃謂一衙門之官吏，遷任於他衙門，其品級相同之官吏謂之改也。「調」乃謂一官吏之轉變他位者，與改並無大差別。乾隆三年有調補例。

> 諭曰：大學士查郎阿在外年久，著回內閣辦事；川陝總督員缺，著廣東總督鄂彌達調補；廣東總督員缺，著都察院左都御史馬爾泰補授；左都御史員缺，著漕運總督查克丹補授；漕運總督缺，著戶部尚書托時補授。〔註7〕

「陞」乃因官吏年功，與其他事由，晉升一階高官也。至其進陞順序，頗為複雜。例如雍正三年十月雲貴總督之案例，有二位巡撫前後升任總督。

> 戊辰，調雲貴總督高其倬為浙閩總督，陞刑部左侍郎署理山西巡撫伊都立為雲貴總督。……庚寅，……調雲貴總督伊都立為山西總督，管理巡撫事務；陞雲南巡撫楊名時為雲貴總督，仍管雲南巡撫事務；調廣西巡撫鄂爾泰為雲南巡撫，管雲貴總督事務。〔註8〕

（二）署　理

有兩個意思，一為實習之意，一為代理之意。官員初任官職，多係署職，多以資歷或出身對現任之官不適任者，均先試署，為實習之本意。另謂官吏死亡或免官、出差、事故，而不在其任時，使他人代理之意也。雍正四年十二月與雍正六年四、五月，直隸總督有署理與代辦同時存在之情況。

> （雍正四年十二月）壬午，以江南京口將軍何天培為兵部尚書；直隸總督李紱為工部右侍郎；湖廣總督宜兆熊署理直隸總督；調工部右侍郎劉師恕為禮部右侍郎，協辦直隸總督事。……（六年四月）丁亥，刑部議奏：署直隸總督吏部尚書宜兆熊、吏部右侍郎劉師恕，失察革職大名府知府曾逢聖一案，應降級調用。得旨：宜兆熊、劉師恕俱著降調，暫署直隸總督事務；（五月）丙寅，諭吏部：人臣和衷共濟，始於公事，有所裨益。今直隸總督宜兆熊、劉師恕意見不合，諸事參差，朕屢加訓飭，不能悛改，若仍令同辦總督事務，必致貽誤。宜兆熊原係庸碌平常之人，朕因其操守一節，尚有可取，故試用之。自署福建、直隸兩任觀之，全不曉事。著回京，照部議

〔註7〕　見《清高宗純皇帝實錄》，乾隆三年七月十七日丁卯條之記載。
〔註8〕　見《清世宗章皇帝實錄》，雍正三年十月初四日戊辰條及同年十月二十六日庚寅條之記載。

－45－

所降之級補用。吏部侍郎何世璂著署理直隸總督事務；仍著劉師恕
照前一同辦理。〔註9〕

以其他官吏代理某出缺官吏，有「專署」與「兼署」兩種，專署者並無其他
官職，可署理較長時間，一般達二至三年之久；兼署則有他官職，所以一般
只能代理數月甚至數天而以。若官吏出缺，由其他同品級或上級代理稱作署
理或是兼署，若由下級官吏代理則稱護理。如總督出缺，由布政使、按察使
代理事務稱作護理印務。其他尚有兼管、兼辦、兼理、協辦、協理、暫署、
暫管、暫留、代護與暫護等各種名詞，但大致上除協辦、協理外，其餘多半
等同署理或兼署。雍正七年二月至三月有一案例。

> （七年二月）壬午，……浙江總督李衛奏請陛見，得旨：李衛著於三
> 月內來京陛見，其各任印務，著李衛酌量，分派委署。（三月）丙寅，……
> 浙江總督李衛疏言：「臣欽奉恩綸，俯俞入覲。所有各任印務，謹遵
> 旨酌量分派委署。請以欽差清查浙江錢糧、副都御史性桂署理浙江總
> 督；觀風整俗使蔡仕舢，署理浙江巡撫。」下部知之。〔註10〕

二、總督甄補實象

清代甄補總督，有由侍郎補授者，有由巡撫授者，有由尚書或都御史、
將軍等官職轉任者，事例甚為繁複。茲將各時期依據甄補之前五名巡撫、侍
郎、布政使、將軍、尚書列表分述如下：

表 3-1　清代各時期自其他官職甄補總督表

時期	巡撫	侍郎	布政使	將軍	尚書	其他
順治	23	9	0	0	0	17
康熙	57	17	1	3	1	17
雍正	18	6	3	2	3	19
乾隆	73	11	2	10	15	23
嘉慶	30	12	8	4	7	11
道光	41	12	8	7	6	11

〔註9〕見《清世宗憲皇帝實錄》，雍正四年十二月二十五日壬午條、雍正六年四月初
七日丁亥條、雍正六年五月十六日丙寅條之記載。
〔註10〕見《清世宗憲皇帝實錄》，雍正七年二月初七日壬午條及雍正七年三月二十二
日丙寅條之記載。

咸豐	25	5	8	8	1	9
同治	18	3	7	4	2	5
光緒	38	2	24	5	3	14
宣統	4	0	7	1	0	6
合計	327	77	68	44	38	132

就上表所示，關於自其他官職甄補總督最多者爲巡撫，共三百二十七員，幾乎將近五成，而且每個時期皆爲五成左右，此乃總督巡撫雖係官位不同且祿秩有異，但同爲地方疆臣，職權差異漸微，總督自然成爲巡撫升遷的最佳選擇。

> 乾隆二十二年六月初一日辛酉朔，恆文緣買金短發金價、縱容家人收禮等事，革職拏問；至初三日癸亥，愛必達自江蘇巡撫陞雲貴總督。同年十二月初三日辛酉，鶴年卒，至初五日癸亥，以阿爾泰奏報，諭贈官，入賢良祠，賞銀治喪，察例議恤；同日，命陳宏謀自江蘇巡撫陞兩廣總督。〔註11〕

侍郎補授總督者排第二名，共七十七員，約爲一成一左右。侍郎所以成爲甄補總督重要官員之一，一則由於品位相當，再則由於侍郎爲中央各部副主管，對地方政府事務，自然會有較全面之瞭解，特別是吏、戶、兵、刑各部侍郎易臻於此，因而有此實象。〔註12〕惟由侍郎補授總督者，各時期有遞減現象，表示總督權勢地位逐漸提高，已非侍郎所能企望。

> 乾隆二十四年九月二十三日庚午，緣碩色患病，命來京調治，湖廣總督著蘇昌以吏部右侍郎署工部尚書前往署理；翌日，蘇昌實授湖廣總督。〔註13〕

布政使補授總督排第三，共六十八員，約爲一成左右。布政使職位雖不高爲正三品，但卻是督撫之左右手，倥傯之際，適合署理。補授時期以光緒朝有二十四員，佔布政使補授者超過三分之一爲最多，此乃時局變化快速，總督出缺無法立即有適當人選甄補，由布政使暫時署理者頗多。

> 光緒十五年七月十四日戊午，命松椿自直隸布政使陞漕運總督，未到任前，漕運總督著徐文達以淮揚海道暫行護理。〔註14〕

〔註11〕見《清高宗純皇帝實錄》，乾隆二十二年六月初一日辛酉朔條之記載。
〔註12〕傅宗懋，〈清代督撫甄補實像之分析〉，載氏著《清制論文集》下冊（台北：臺灣商務印書館，1977年）。
〔註13〕見《清高宗純皇帝實錄》，乾隆二十四年九月二十三日庚午條之記載。
〔註14〕見《清德宗景皇帝實錄》，光緒十五年七月十四日戊午條之記載。

　　將軍補授總督排第四，共四十四員，除順治時期外，每個皇帝都有甄補將軍為總督之例。將軍於清代係滿人之專職，用以統率旗營，原期鎮攝地方，如成都將軍、杭州將軍是。其既開府地方，於當地事務自然有所熟悉，且又為軍事將領以之充任總督，或可稱職。

　　　　乾隆四十五年二月初四日癸丑，緣海寧劾李侍堯貪縱營私，諭解任
　　　　查辦，雲貴總督著舒常自貴州巡撫調署；至三月十八日丁酉，李侍
　　　　堯革職拏問，福康安自奉天將軍調雲貴總督。〔註15〕

尚書補授總督排第五，共三十八員。由於總督例帶兵部尚書銜，所以尚書官品與總督相垺，無論吏、戶、禮、兵、刑、工各方面皆為大政主管，尚書補授總督堪稱允當。

　　　　嘉慶七年十一月二十三日庚寅，緣辦理博羅會匪，吉慶先失之濫殺，
　　　　繼失之疏縱，著解任交員審訊；同日，命長麟自禮部尚書調兩廣總
　　　　督，未到任前，兩廣總督印務著瑚圖禮以廣東巡撫暫行署理。〔註16〕

由於尚書在京任職，離兩廣總督轄區甚遠，故未到任前，一般都由廣東巡撫暫行署理。

　　　　道光二十一年二月初六日辛酉，琦善緣畏葸無能，縱令英人投文狂
　　　　悖，革職拏京審訊；同日，命祁㙫自刑部尚書調兩廣總督，未到任
　　　　前，兩廣總督著怡良以廣東巡撫兼署。〔註17〕

除以上五種官職外，由提督、按察使、都統、左都御史等甄補為總督者也都各有九員以上。原本清代總督甄補是一屬於文官選用之問題，但實際上，將軍與提督、都統等武將也有將近八十員甄補為總督。凡此情形，在在顯示就政治制度與政治實象間之關係而言，其間存在許多超典章制度之外而對政治實象深具影響之因素在。

三、總督離職原因

　　總督為清代最高地方長官，其離職原因除病革、卒於任上外，陞遷的機會不大。總督離職原因，分為陞、改調、降革、開缺及病卒、丁憂、其他等項，分別加以說明。

〔註15〕見《清高宗純皇帝實錄》，乾隆四十五年二月初四日癸丑條之記載。
〔註16〕見《清仁宗睿皇帝實錄》，嘉慶七年十一月二十三日庚寅條之記載。
〔註17〕見《清宣宗成皇帝實錄》，道光二十一年二月初六日辛酉條之記載。

（一）陞

總督爲封疆大吏，直接聽命於皇帝，與中央六部互不統屬。按規定總督無可陞之職。但總督皆加尚書或都御史銜，故依理可陞大學士。

　　道光十五年二月初十日己亥，命雲貴總督阮元爲大學士，管刑部事。

〔註18〕

（二）改　調

包括總督調任其他總督，調任都統、將軍，或內調尚書、左都御史等同官品級文武大員。

　　乾隆二年十二月初一日甲申朔，補熙丁憂解職，查克丹自工部尚書
　　調漕運總督；三年七月十七日丁卯，查克丹自漕運總督調都察院左
　　都御史，托時自戶部左侍郎陞漕運總督。〔註19〕

（三）降　革

指緣事降調或革職，亦包括交部議處。降革之原因有徇私、貽誤軍機、匿不奏聞和處分前罪等等情況。

順治元年七月剛設立宣大山西總督一職，而在次年，也就是順治二年，一年之內連換吳孳昌、李鑑、馬國柱三員總督，其中二員即是被降革。

　　順治二年二月初十日癸亥，吳孳昌緣和碩英親王阿濟格致書令釋
　　監司朱壽黎罪，匿不奏聞，革大同總督；同年九月二十四日壬申，
　　李鑑緣與守備霍然有隙，故令然變賣倉米，降總督職，以巡撫用。

〔註20〕

（四）開　缺

包括命到京、到京候簡、專辦剿匪、開缺回籍、回籍養親等。而原有之總督職務成空缺，可待另簡補授。

　　光緒二十三年九月初二日戊子，諭四川總督鹿傳霖開缺來京；同日，
　　命李秉衡自山東巡撫陞四川總督，未到任前，四川總督著恭壽以成

〔註18〕見《清宣宗成皇帝實錄》，道光十五年二月初十日己亥條之記載。道光朝東華
　　　　錄同。
〔註19〕見《清高宗純皇帝實錄》，乾隆二年十二月初一日甲申朔及乾隆三年七月十七
　　　　日丁卯條之記載。
〔註20〕見《清世祖章皇帝實錄》，順治二年二月初十日癸亥條及同年九月二十四日壬
　　　　申條之記載。順治朝東華錄同。

都將軍兼署；至十一月十八日癸卯，李秉衡因事解職。〔註21〕

（五）其　他

除病卒、丁憂外，包括致仕或回任等。

乾隆五十一年三月初七日辛亥，以薩載患病，兩江總督事務著閔鶚
元以江蘇巡撫代為辦理；十二日丙辰，以薩載卒，贈官，察例議恤，
命李世傑自四川總督調兩江總督；翌日，諭李世傑來京陛見後再赴
任，兩江總督著閔鶚元暫行署理。〔註22〕

四、總督離職轉調實象

總督可陞任的官職是大學士或協辦大學士，所以將大學士級單列一項；
總督兼銜為兵部尚書與右都御史，而將軍則與總督同為文武最高疆臣，所以
將可平調的尚書、將軍（都統）與左都御史等官職各列一項。其他侍郎、巡
撫、提督等官職都算是有降調意味，所以單列一項。而病、免、革、解或任
內死亡等，則另歸一項。

表3-2　總督離職後轉任官職統計表

時期	大學士級	尚書級	將軍級	左都御史	其他官職	免解病卒
順治	1	0	1	0	9	38
康熙	0	17	3	3	23	50
雍正	4	8	3	2	20	14
乾隆	9	14	7	2	51	51
嘉慶	6	6	8	5	25	22
道光	5	7	4	1	30	38
咸豐	5	0	5	1	22	23
同治	3	2	5	0	13	16
光緒	2	6	5	1	40	32
宣統	1	0	1	0	10	6
合計	36	60	42	15	243	290

〔註21〕見《清德宗景皇帝實錄》，光緒二十三年九月初二日戊子條及同年十一月十八
　　　　日癸卯條之記載。
〔註22〕見《清高宗純皇帝實錄》，乾隆五十一年三月初七日辛亥條、同月十二日丙辰
　　　　條、同月十三日丁巳條之記載。

關於總督離職之後的去處，經上表分析，分為六項：第一項，陞任大學士或協辦大學士，稱大學士級，共三十六員。除康熙時期外，其餘各時期皆有。第二項，轉調尚書，稱尚書級，共六十員。前期較多，後期漸少，表示尚書官職實際權勢已不如總督重要。第三項，轉調將軍或都統，稱將軍級，共四十二員。大部分是由將軍轉任總督後，又回任將軍官職。第四項，轉調左都御史，稱左都御史級，共十五員。第五項，其他官職共二百四十三員，大部分是暫署總督職務，任務完成後又回任原有較低職務者。第六項，免解病卒者，共二百九十員。

第二節　總督間的轉調

總督調任其他轄區總督，也是轉調中一個重要問題。清世宗雍正皇帝認為總督地控兩省、權兼文武，擔任總督者必使將吏協和，軍民綏輯，乃為稱職。但如此總督權力也逐漸擴大，為了不使其坐大地方，一段時間必須轉調，而培養一個總督亦屬不易，所以轉任其他轄區之總督成為可行之道。

一、改調遷轉原因

總督改調遷轉他處總督的原因可分為任期過長、任務需要、代理署理等數項原因。

（一）任期過長

漢代刺史與唐代藩鎮都是因任職地方時間過長，故成尾大不掉之局。清季因太平天國之亂，曾國藩在咸豐十年出任兩江總督，統轄四省軍務，四年後攻陷太平天國天京，次年也就是同治四年，命曾國藩赴山東督師剿捻，兩江總督交由江蘇巡撫李鴻章署理，隔年曾國藩回任兩江總督。同治六年曾國藩遷體仁閣大學士但留任兩江總督，同治七年曾國藩已擔任兩江總督前後達八年之久，終以查辦天津教案為名，將他調離兩江總督職務，接任直隸總督。惟接任兩江總督的馬新貽在同治九年被刺，曾國藩又復任兩江總督，至同治十一年死於任上。

（二）任務需要

官員得到皇帝信任，本身又適合統兵作戰，故轉戰多處，任何總督轄區有狀況，即調派某轄區總督。福康安於乾隆四十五年由奉天將軍授雲貴總督，

次年改調四川總督，乾隆四十八年福康安調回中央擔任尚書，次年又出任陝甘總督，乾隆五十二年因林爽文起義，福康安赴臺灣平亂，次年改調閩浙總督。乾隆五十四年又改任兩廣總督，乾隆五十八年又調任四川總督。次年再改調雲貴總督。乾隆六十年再改調閩浙總督，嘉慶元年死於任上。

二、總督任次分析

總督任次可分單任與多任，多任者最多達十四次，惟多任者某一轄區可能重複擔任多次。

表 3-3　總督單任與多任統計表

時期	單任	二任	三任	四任	五任	六任	其他
順治	31	15	3	0	0	0	0
康熙	71	18	7	0	0	0	0
雍正	28	8	11	1	1	1	1
乾隆	82	26	8	9	4	3	2
嘉慶	45	12	9	3	3	0	0
道光	55	16	6	6	0	2	0
咸豐	45	6	4	0	1	0	0
同治	30	2	4	0	3	0	0
光緒	61	11	2	7	4	1	0
宣統	18	0	0	0	0	0	0
合計	466	114	54	26	16	7	3

從上表所示，清代總督單任者達四百六十六人，比例超過一半，尤其宣統時期時間較短，所任用之十八員總督皆爲單任。而多任者有四百二十員，比例不到一半，以二任者最多，依次遞減。超過六任者僅有十員，其中六任者七員，七任者一員，八任者一員，十四任者一員。由於沒有固定任期與任務需要，有些總督必須轉調其他轄區多次，現舉三任各處總督以上遷調實象數例，分析其原因。

（一）三處三任總督之例

康熙時期，周有德曾任兩廣、四川、雲貴三處總督。康熙六年十二月，周有德由山東巡撫陞兩廣總督，展開他的總督生涯。

康熙九年正月十七日乙巳，緣兩廣總督周有德具疏復請憂免，諭准回旗守制。康熙十三年二月九日癸卯，增設四川總督；同月十二日丁未，以前兩廣總督周有德授四川總督。康熙十八年二月十六日辛巳，周有德自四川總督調雲貴總督。〔註23〕

嘉慶時期，慶保曾任湖廣、雲貴、閩浙三處總督。嘉慶二十二年九月，慶保由廣西巡撫陞湖廣總督，展開他的總督生涯。

嘉慶二十二年九月十二日癸丑，慶保調湖廣總督。嘉慶二十五年四月二十三日戊申，慶保自湖廣總督調雲貴總督。同年十二月初五日丁亥，慶保自雲貴總督調閩浙總督。〔註24〕

（二）四處四任總督之例

道光、咸豐時期，桂良曾任湖廣、閩浙、雲貴、直隸四處總督。道光十九年三月，桂良由河南巡撫陞湖廣總督，展開他的總督生涯。

道光十九年三月初九日乙巳，著桂良調陞湖廣總督。同年六月二十七日辛卯，桂良自湖廣總督調閩浙總督。同年十二月二十二日甲申，桂良自閩浙總督調雲貴總督。道光二十四年十一月初九日壬申，命桂良來京陛見，雲貴總督著吳其濬以雲南巡撫兼署。道光二十五年四月十三日癸卯，命桂良留京，署鑲黃旗蒙古都統。咸豐三年九月初四日丙午，訥爾經額緣軍務布置失當，革直隸總督，桂良自兵部尚書調直隸總督。〔註25〕

光緒時期，譚鍾麟曾任陝甘、閩浙、四川、兩廣四處總督。光緒七年八月，譚鍾麟由浙江巡撫陞陝甘總督，首次踏上總督生涯。

光緒七年八月二十四日癸未，諭准曾國荃開缺療疾，病癒後來京陛見；同日，譚鍾麟自浙江巡撫陞陝甘總督。光緒十四年二月二十五

〔註23〕見《清聖祖仁皇帝實錄》，康熙九年正月十七日乙巳條、康熙十三年二月九日癸卯條、同月十二日丁未條、康熙十八年二月十六日辛巳條之記載。

〔註24〕見《清仁宗睿皇帝實錄》，嘉慶二十二年九月十二日癸丑條、嘉慶二十五年四月二十三日戊申條；另見《清宣宗成皇帝實錄》，嘉慶二十五年十二月初五日丁亥條之記載。

〔註25〕見《清宣宗成皇帝實錄》，道光十九年三月初九日乙巳條、同年六月二十七日辛卯條、同年十二月二十二日甲申條、道光二十四年十一月初九日壬申條、道光二十五年四月十三日癸卯條；另見《清文宗顯皇帝實錄》，咸豐三年九月初四日丙午條之記載。

日丁未，諭准譚鍾麟以病開缺，回籍調理，病癒即來京陛見。光緒
十八年五月二十八日乙酉，卞寶第因病解任，著譚鍾麟自吏部左侍
郎授閩浙總督。光緒二十年十月二十二日乙丑，命劉秉璋開缺，來
京另候簡用，譚鍾麟自閩浙總督調四川總督。光緒二十一年三月二
十日辛卯，諭准李瀚章開缺回籍療疾；至二十二日癸巳，譚鍾麟自
四川總督調兩廣總督。〔註26〕

（三）五處五任總督之例

　　光緒、宣統時期，魏光燾曾任陝甘、雲貴、兩江、閩浙、湖廣五處總督。
光緒二十五年十月，魏光燾以陝西巡撫署理陝甘總督，首次踏上總督生涯。

　　　　光緒二十五年十月二十三日丁酉，諭准陶模來京陛見；至三十日甲
　　　　辰，命魏光燾以陝西巡撫署理陝甘總督，陶模俟魏光燾接署後，再
　　　　行來京。光緒二十六年閏八月初三日壬寅，陶模自陝甘總督調兩廣
　　　　總督，魏光燾自陝西巡撫陞陝甘總督；十月十四日壬子，崧蕃自雲
　　　　貴總督調陝甘總督，魏光燾自陝甘總督調雲貴總督。光緒二十八年
　　　　十一月初六日壬戌，魏光燾自雲貴總督調兩江總督。光緒三十年七
　　　　月二十二日戊戌，魏光燾以兩江總督署閩浙總督；十一月初七日辛
　　　　巳，魏光燾實授閩浙總督。光緒三十一年正月二十一日甲午，命魏
　　　　光燾開缺，另候簡用。宣統三年九月十一日乙亥，湖廣總督袁世凱
　　　　改任內閣總理大臣，以前兩江總督魏光燾為湖廣總督。〔註27〕

光緒、宣統時期，因局勢動盪，總督遷調較頻繁。錫良曾任東河、閩浙、四
川，雲貴、東三省總督。光緒二十七年四月，錫良以前湖北巡撫出任河東河
道總督，首次踏上總督生涯。

　　　　光緒二十七年四月初六日辛丑，錫良授河東河道總督。光緒二十八
　　　　年正月十七日戊寅，裁缺；同月二十四日乙酉，錫良改河南巡撫；
　　　　四月二十一日辛亥，錫良改熱河都統；光緒二十九年三月初八日癸

〔註26〕見《清德宗景皇帝實錄》，光緒七年八月二十四日癸未條、光緒十四年二月二
　　　　十五日丁未條、光緒十八年五月二十八日乙酉條、光緒二十年十月二十二日
　　　　乙丑條、光緒二十一年三月二十日辛卯條、同月二十二日癸巳條之記載。
〔註27〕見《清德宗景皇帝實錄》，光緒二十五年十月三十日甲辰條、光緒二十六年閏八
　　　　月初三日壬寅條、同年十月十四日壬子條、光緒二十八年十一月初六日壬戌條、
　　　　光緒三十年七月二十二日戊戌條、同年十一月初七日辛巳條、光緒三十一年正
　　　　月二十一日甲午條；《清宣統政紀實錄》，宣統三年九月十一日乙亥條之記載。

亥，錫良調任閩浙總督。同月二十一日丙子，命錫良自閩浙總督調署四川總督；光緒三十年十一月初七日辛巳，錫良實授四川總督。光緒三十三年正月十九日辛亥，錫良自四川總督調雲貴總督。宣統元年正月十九日庚子，徐世昌自東三省總督調郵傳部尚書，錫良自雲貴總督調東三省總督。〔註28〕

（四）五處六任總督之例

　　乾隆時期，那蘇圖曾任兩江、湖廣、閩浙、兩廣、直隸五處總督，其中兩次出任兩江總督，所以共擔任六任總督。乾隆二年閏九月，那蘇圖由刑部尚書出任兩江總督，首次踏上總督生涯。

　　　　乾隆二年閏九月十二日丁卯，那蘇圖自刑部尚書調兩江總督。乾隆四年十一月初五日戊申，那蘇圖憂免；郝玉麟自吏部尚書署兩江總督。乾隆五年十一月初二日己巳，那蘇圖自刑部尚書署湖廣總督。乾隆六年八月十七日己酉，命吏部尚書署兩江總督楊超曾回部辦事，那蘇圖自湖廣總督調兩江總督，孫嘉淦自直隸總督調湖廣總督。乾隆七年四月初五甲午，那蘇圖自兩江總督調閩浙總督，德沛自閩浙總督調兩江總督。乾隆九年七月初三日戊寅，那蘇圖自閩浙總督調兩廣總督，馬爾泰自兩廣總督調閩浙總督。乾隆十年四月十三日乙卯，命那蘇圖來京候旨，策楞自廣州將軍調兩廣總督；同年五月二十日辛卯，命那蘇圖為直隸總督。乾隆十二年四月初十日己巳，那蘇圖以直隸總督兼署直隸河道總督。乾隆十四年三月二十九日丁丑，裁直隸河道總督專缺，命於直隸總督關防敕書內，添入兼理河道字樣。〔註29〕

道光時期，琦善曾任兩江、四川、直隸、兩廣、陝甘五處總督，且兩次出任四川總督，所以共擔任六任總督。道光五年五月，琦善自河南巡撫陞兩江總督，首次踏上總督生涯。

〔註28〕見《清德宗景皇帝實錄》，光緒二十七年四月初六日辛丑條、光緒二十九年三月初八日癸亥條、同月二十一日丙子條、光緒三十年十一月初七日辛巳條、光緒三十三年正月十九日辛亥條；另見《清宣統政紀實錄》，宣統元年正月十九日庚子條之記載。
〔註29〕見《清高宗純皇帝實錄》，乾隆二年閏九月十二日丁卯條、乾隆五年十一月初二日己巳條、乾隆六年八月十七日乙酉條、乾隆七年四月初五日甲午條、乾隆九年七月初三日戊寅條、乾隆十年五月二十日辛卯條之記載。

道光五年五月二十二日戊申，琦善自河南巡撫陞兩江總督。道光七年五月十一日丙戌，緣啓放王營舊減壩，貽誤事機，糜帑殃民，諭琦善著即開缺，加恩降為二品，來京另候簡用。道光九年四月初十日癸酉，琦善以前山東巡撫實授四川總督。道光十一年二月十二日乙未，那彥成緣驅逐安集延回民啓釁，照溺職例革職；同日，命琦善自四川總督調直隸總督，未到任前，直隸總督著王鼎以欽差戶部尚書署理。道光十七年三月初十日丁亥，琦善憂，穆彰阿以大學士兼署直隸總督；是年六月二十三日己巳，琦善百日孝滿，命署直隸總督。道光十八年二月初三日乙巳，琦善陞遷文淵閣大學士，留任直隸總督。道光二十年八月二十二日己卯，授琦善欽差大臣赴粵；是年九月初三日庚寅，琦善以直隸總督署兩廣總督。道光二十一年二月初六日辛酉，琦善緣畏葸無能，縱令英人投文狂悖，革職拏京審訊。道光二十六年十二月十九日庚午，命寶興留京辦事，以駐藏辦事大臣琦善實授四川總督。道光二十九年九月初十日甲辰，琦善署陝甘總督，四川總督著裕泰以成都將軍暫署；至十五日己酉，琦善實授陝甘總督。〔註30〕

（五）五處七任總督之例

乾隆、嘉慶時期，長麟曾任兩江、兩廣、閩浙、雲貴、陝甘五處總督，其中兩廣、閩浙各二任，所以共擔任七任總督。乾隆五十六年四月，長麟以江蘇巡撫暫署兩江總督，首次踏上總督之路。

乾隆五十六年四月二十三日丁卯，命孫士毅來京陞見，兩江總督著長麟以江蘇巡撫暫行署理。乾隆五十八年八月十一日辛未，長麟自浙江巡撫陞兩廣總督。乾隆六十年五月初六日丙辰，長麟以兩廣總督接署閩浙總督；疑同日，朱桂以廣東巡撫署兩廣總督；至十月初七日甲申，諭長麟徇庇伍拉納，著革職來京候旨。嘉慶四年八月初七日癸巳，長麟自喀什噶爾參贊大臣授雲貴總督；至十月初三日戊子，長麟自雲貴總督調閩浙總督。嘉慶五年正月初八日辛酉，長麟

〔註30〕 見《清宣宗成皇帝實錄》，道光五年五月二十二日戊申條、道光九年四月初十日癸酉條、道光十一年二月十二日乙未條、道光二十年九月初三日庚寅條、道光二十六年十二月十九日庚午條、道光二十九年九月初十日甲辰條、同月十五日己酉條之記載。

自閩浙總督調陝甘總督。嘉慶六年十一月初四日丁丑，諭長麟久病未癒，勉力辦公，復老母在京，時深念子，著加恩來京，另候簡用；同日，命惠齡自山東巡撫陞陝甘總督，長麟俟惠齡到任後再起程。嘉慶七年十一月二十三日庚寅，緣辦理博羅會匪，吉慶先失之濫殺，繼失之疏縱，著解任交員審訊；同日，命長麟自禮部尚書調兩廣總督，未到任前，兩廣總督印務著瑚圖禮以廣東巡撫暫行署理；翌日，緣長麟母子親深情重，諭准留京侍養，兩廣總督仍著瑚圖禮署理。〔註31〕

（六）五處八任總督之例

乾隆時期，福康安曾任雲貴、四川、陝甘、閩浙、兩廣等五處總督，其中四川、雲貴、閩浙各二任，所以共擔任八任總督。乾隆四十五年三月，福康安自奉天將軍調雲貴總督，開始他的總督生涯。

乾隆四十五年三月十八日丁酉，李侍堯革職拏問，福康安自奉天將軍調雲貴總督。乾隆四十六年八月十二日壬午，文綬革職發往伊犁，福康安自雲貴總督調四川總督。乾隆四十八年四月二十一日辛巳，福康安自四川總督調署工部尚書。乾隆四十九年五月二十六日庚辰，李侍堯緣玩延懦怯，致通省回亂猖獗，革職帶罪效力；同日，福康安自兵部尚書調陝甘總督；是年七月二十日癸酉，福康安改戶部尚書留任陝甘總督。乾隆五十年九月初三日己酉，福康安赴阿克蘇，慶桂以兵部尚書暫署陝甘總督。乾隆五十一年閏七月二十四日乙未，福康安改吏部尚書協辦大學士留任陝甘總督；是年九月十八日戊子，命福康安來京陛見。乾隆五十二年六月二十日丙辰，命福康安前來行在陛見，預備差遣臺灣。乾隆五十三年十月二十七日乙卯，福康安以陝甘總督署閩浙總督；十一月初五日癸亥，緣魁倫等奏報，福康安實授閩浙總督。乾隆五十四年正月二十六日癸未，福康安自閩浙總督調兩廣總督。乾隆五十八年八月十一日辛未，福康安自兩廣總督調四川總督，長麟自浙江巡撫陞兩廣總督。乾隆五十

〔註31〕 見《清高宗純皇帝實錄》，乾隆五十六年四月二十三日丁卯條、乾隆五十八年八月十一日辛未條；另見《清仁宗睿皇帝實錄》，嘉慶四年八月初七日癸巳條、同年十月初三日戊子條、嘉慶五年正月初八辛酉條、嘉慶七年十一月二十三日庚寅條之記載。

九年七月十九日甲辰，福康安自四川總督調雲貴總督。乾隆六十年五月初七日丁巳，命福康安自雲貴總督調閩浙總督。〔註32〕

（七）六處六任總督之例

道光時期，林則徐曾任河道、湖廣、兩江、兩廣、陝甘、雲貴六處總督。道光十一年十月，林則徐自江寧布政使陞河東河道總督，開始他的總督生涯。

> 道光十一年十月初七日乙酉，林則徐自江寧布政使陞河東河道總督。道光十二年二月十八日乙未，林則徐自河東河道總督調江蘇巡撫，吳邦慶自江西巡撫陞河東河道總督。道光十七年正月三十日庚子京察，諭納爾經額不獲么麼，前既失察，後復玩泄，著降補湖南巡撫，林則徐自江蘇巡撫陞湖廣總督。道光十八年九月二十三日辛酉，命林則徐來京陛見；同年十一月十五日癸丑，授林則徐欽差大臣，赴粵查辦禁烟。道光十九年三月初九日乙巳，林則徐自湖廣總督調兩江總督；同年十二月初一日癸亥朔，鄧廷楨自兩廣總督調兩江總督，林則徐自兩江總督調兩廣總督。道光二十年九月初三日庚寅，林則徐緣查辦鴉片，命即來京聽候部議，至初八日乙未，革職。道光二十五年十一月初四日辛酉，命布彥泰自伊犁將軍調陝甘總督，未到任前，陝甘總督著林則徐以候補四、五品京堂署理。道光二十六年三月三十日乙酉，林則徐自署陝甘總督調陝西巡撫。道光二十七年三月十六日乙未，林則徐自陝西巡撫陞雲貴總督。〔註33〕

（八）六處十四任總督之例

雍正、乾隆時期，尹繼善曾任河道、陝甘、四川、雲貴、兩江、兩廣等六處總督，其中河道三任、兩江四任、雲貴三任、陝甘三任（含川陝一任）、兩廣一任，合計六處十四任。這是在清代總督中，擔任過最多處最多任的總督。尹繼善是在雍正六年六月，以署理廣東按察使協辦河道總督，首次踏上

〔註32〕見《清高宗純皇帝實錄》，乾隆四十五年三月十八日丁酉條、乾隆四十六年八月十二日壬午條、乾隆四十九年五月二十六日庚辰條、乾隆五十三年十月二十七日乙卯條、同年十一月初五日癸亥條、乾隆五十四年正月二十六日癸未條、乾隆五十八年八月十一日辛未條、乾隆五十九年七月十九日甲辰條、乾隆六十年五月初七日丁巳條之記載。

〔註33〕見《清宣宗成皇帝實錄》，道光十一年十月初七日乙酉條、道光十七年正月三十日庚子條、道光十九年三月初九日乙巳條、同年十二月初一日癸亥條、道光二十五年十一月初四日辛酉條、道光二十七年三月十六日乙未條之記載。

總督之路。

雍正六年六月初七日丙戌，尹繼善以署廣東按察使協辦江南河工事務。雍正七年二月初二日丁丑，尹繼善授江蘇巡撫仍署江南河道總督。雍正九年七月初六日丁卯，尹繼善以江蘇巡撫署理兩江總督；同年十二月初七日丙申，協辦江寧將軍。雍正十年九月初六日庚寅，尹繼善來京陛見。雍正十一年正月初十日壬辰，命尹繼善為雲貴廣西總督。雍正十二年十二月十二日癸丑，緣黔、粵兩處苗蠻輸誠向化，用兵事竣，著「廣西省就近仍歸廣東總督管轄」，尹繼善改雲貴總督。乾隆元年六月初十日癸酉，尹繼善專任雲南總督，以經略張廣泗為貴州總督管巡撫事。乾隆二年四月二十一日己卯，命尹繼善來京陛見，雲南總督著張允隨以雲南巡撫署理。乾隆五年三月初九日庚戌，尹繼善自刑部尚書調川陝總督。乾隆七年九月二十一日丁丑，諭尹繼善已丁母憂，川陝總督著兵部右侍郎馬爾泰前往署理。乾隆八年二月十六日庚子，諭德沛未能勝任，著來京候旨，兩江總督著前川陝總督尹繼善署理。乾隆十年九月二十九日戊戌，尹繼善實授兩江總督。乾隆十三年九月初八日己未，尹繼善自兩江總督調兩廣總督，策楞自兩廣總督調兩江總督；至十月初四日乙酉，命尹繼善來京候旨另用；至十一月三十日庚辰，川陝分設兩督，命戶部尚書協辦大學士尹繼善為陝甘總督，策楞為四川總督。乾隆十四年正月初八日丁巳，命尹繼善參贊大金川軍務；翌日，陝甘總督著瑚寶以兵部尚書暫行署理。乾隆十五年十一月十八日丁巳，四川總督策楞統兵入藏，陝甘總督尹繼善赴成都料理入藏軍機糧餉，行川陝總督事。乾隆十六年閏五月十三日戊寅，尹繼善自陝甘總督調兩江總督。乾隆十七年九月丁亥，已諭尹繼善馳驛來京，兩江總督著莊有恭以江蘇巡撫暫行署理；至十月初六日癸巳，復重申前諭。乾隆十八年正月二十二日戊寅，緣策楞丁憂，四川總督著黃廷桂自陝甘總督調署，陝甘總督著尹繼善自兩江總督調署；至九月二十日壬申，黃廷桂實授四川總督，尹繼善調南河總督，永常自湖廣總督調陝甘總督。乾隆十九年八月初十日丁巳，命鄂容安馳驛速赴行在，兩江總督著尹繼善以江南河道總督兼署。乾隆二十年正月初八日壬午，命富勒赫署理江南河道總督事務。乾隆二十一年十月初八日壬申，

尹繼善實授兩江總督。乾隆二十九年四月初二日癸未，尹繼善陞文
華殿大學士留任兩江總督。〔註34〕

表 3-4 最多處多任的五位總督轄區表

人物	尹繼善	福康安	長麟	琦善	林則徐
陝甘	3	1	1	1	1
四川	（1）	2		2	
湖廣					1
雲貴	3	2	1		1
兩廣	1	1	2	1	1
閩浙		2	2		
兩江	4		1	1	1
直隸				1	
河道	3				1
漕運					
合計（任）	14（1）	8	7	6	6
合計（處）	6	5	5	5	6

　　從上表所示，直隸總督很少轉調其他總督，而河道及漕運總督則常轉調
直省巡撫，可見兩者地位之重要性相差甚大。

〔註34〕見《清世宗憲皇帝實錄》，雍正六年六月初七日丙戌條、雍正九年七月初六日
丁卯條、雍正十一年正月初十日壬辰條；另見《清高宗純皇帝實錄》，乾隆五
年三月初九日庚戌條、乾隆八年二月十六日庚子條、乾隆十三年九月初八日
己未條、同年十一月三十日庚辰條、乾隆十六年閏五月十三日戊寅條、乾隆
十八年正月二十二日戊寅條、同年九月二十日壬申條、乾隆十九年八月初十
日丁巳條、乾隆二十一年十月初八日壬申條、乾隆二十九年四月初二日癸未
條之記載。

第四章 權　力

　　滿清入關，總督隨即設立，而總督權力的發展，初期應從其職掌來觀察。
清初總督之職掌並不具體，可由官銜中，皇帝賦予何職責而定。而隨著時代、
環境之改變，總督的職掌愈來愈多，到了清季有些職掌已成必然所有。一般
典籍廣泛綜合而言有「總督統轄文武軍民，為一方之保障」；還有「總督掌釐
治軍民，綜制文武，察舉官吏，修飭封疆」；亦有「總督地控兩省，權兼文武，
必使將吏協和，軍民綏輯，乃為稱職」等空泛論述。〔註1〕

　　本章對清代總督權力發展的探討，將之分為二節來觀察。第一節「任務
型的權力分割」，清初總督設置無常，主要乃容易因軍事任務而調整其權力大
小，總督只是國家擴展的一環，身份只是中央派駐地方的配角。第二節「整
體型的權力集中」，清朝中葉以後，國家疆域大致底定，總督的設置也邁入穩
定期，地方的軍事、監察、人事、財政、司法等權皆逐漸集中在總督手中，
總督自然發展成地方最重要的疆臣。

第一節　任務型的權力分割

　　清初設置總督的用意，是配合「以漢制漢」的征服原則，因為「總督」
在明朝是相當大的官僚，漢人對此官職極為渴望。所以剛開始設置總督大多
是給漢軍八旗或歸順漢人，以換取他們對新政權的絕對支持。〔註2〕

〔註1〕　這些論述見於《清朝文獻通考》、《清史稿》、《東華錄》等文獻中。
〔註2〕　依據本文第二章的統計，順治時期共任命 49 員總督，其中漢軍八旗有 39 員，
　　　　漢人 10 員，而滿洲無一人出任總督職務。

清初這些歸順的漢軍八旗或漢人,雖然有了總督官職,但實際上的權勢,卻與明朝總督有著很大的差距,他們只不過是新政權權力結構中的配角,任總督者原本官職都不大,必須加銜任職,後來隨著新政權勢力的擴張,許多新征服的地區需要總督鎮守與治理,權力自然也就有所增進。〔註3〕

清初總督仍沿明制,繫兵部與都察院堂官銜,以示中央統轄與監臨之意。這些總督的權力自然是以軍事權和監察權為基礎,而逐漸擴充到其他方面的職務與權力,所以初步可以將清初總督的權力稱之為「任務型的權力分割」。

一、加銜制與領兵權

唐代中後期和五代時期,地方節度使多加同平章事頭銜,稱為「使相」。宋代更多,親王、樞密使、留守、節度使兼侍中、中書令、同平章事者,皆稱為「使相」。明代廢宰相,陞六部尚書與都察院都御史官品,總督由中央大員派出,自然帶有中央官銜。

清代總督因循明制,為朝廷中央派至地方辦理軍務,也是監察吏治之朝廷代表,故必須加兵部、都察院之官銜,以示中央統治之權。

順治時期,加銜未成定制,加何銜隨朝廷視總督人選而定。一般在行政官銜上,由於和軍政有關,都加兵部尚書或兵部左右侍郎銜;在監察官銜方面,則繫都察院右都御史、右副都御史或右僉都御史銜為多。以下之表乃根據不完全之數字,所作約略的統計,以見順治時期總督加銜制之大概狀況。

表4-1 順治時期總督加銜兵部暨都察院堂官分析

品級部院	兵部銜	人 次	都察院銜	人 次
漢員二品	兵部尚書	15	右都御史	5
漢軍二品 漢員三品	兵部左侍郎	3	左副都御史	3
漢軍二品 漢員三品	兵部右侍郎	12	右副都御史	21
三　品			右僉都御史	3

上列數字,自不過是一種不完全的約略統計,因為在世祖實錄中,有些

〔註3〕 總督轄區內雖有同等級的將軍、都統等官員,但總督除軍事權外,還有籌備糧餉及地方司法、管民權力等,權力範圍較為廣泛。

無表示出任總督時所加之官銜爲何。但即就不完全的約計看來，加中央行政官銜在兵部方面，尚書與左右侍郎各佔一半，比重一樣。而在加中央監察官銜方面，則是以加右副都御史銜最多，約佔三分之二左右。

　　另一項統計，加右都御史銜者，其定加兵部尚書銜。但加兵部尚書銜者，則不一定加右都御史銜。如順治二年與順治十年，大學士洪承疇二度以大學士原銜經略江南、湖廣數省，總督軍務，招撫各省，雖加兵部尚書銜，但以其正一品官的崇高地位，在監察官加銜中，只加右副都御史正三品銜。可見清初加銜制度尚未建立，處處可見明代的痕跡存在。

　　　　洪承疇，字亨九，福建南安人。明萬曆四十四年進士。累遷陝西布
　　　　政使參政。崇禎初，流賊大起，明莊烈帝以承疇能軍入關，遷延綏
　　　　巡撫、陝西三邊總督，屢擊斬賊渠，加太子太保、兵部尚書，兼督
　　　　河南、山、陝、川、湖軍務。……順治元年四月，睿親王多爾袞帥
　　　　師伐明，承疇從。既定京師，命承疇仍以太子太保、兵部尚書兼右
　　　　副都御史，同內院官佐理機務。……二年，豫親王多鐸師下江南。
　　　　閏六月，命承疇以原官總督軍務，招撫江南各省，鑄「招撫南方總
　　　　督軍務大學士」印，賜敕便宜行事。……（十年）五月，上授承疇
　　　　太保兼太子太師、內翰林國史院大學士、兵部尚書兼都察院右副都
　　　　御史，經略湖廣、廣東、廣西、雲南、貴州等處地方，總督軍務兼
　　　　理糧餉。敕諭撫鎮以下咸聽節制，攻守便宜行事。滿兵當留當撤，
　　　　即行具奏。〔註4〕

洪承疇是個特例且是個孤例，因爲他在明朝已經是個總督，而且是中原五省總督。而在擔任薊遼總督時，曾統兵數十萬。他在總督陝西三邊而成爲總督，後加兵部尚書銜，且兼督四川，他可說是唯一一個曾任明朝與清朝的總督。也因爲如此，降清的將領與諸生，除了封王的吳三桂、尚可喜等以外，其他中、低階的漢軍人物，無不以總督爲最高職志。但他們剛開始當不可能擁有如明朝總督的權力，而且必須循明朝模式以加銜來擔任總督，才能逐步建立他們的權勢。

　　與洪承疇同在《清史稿》同一卷上的二位漢軍旗將領，孟喬芳與張存仁，這是在康熙二十三年，爲皇帝所讚譽的二位總督，當時上諭曰：「國家自祖宗定鼎以來，委任漢軍官員與滿洲一體，其中頗有宣猷效力如孟喬芳、張存仁輩，

─────────────────────────

〔註4〕　見《清史稿》，卷237，〈洪承疇傳〉，頁9465～9475之記載。

朝廷亦得其用。」〔註5〕他們二人都是武將出身，這在明朝是無法成爲文官體系的總督疆臣，而在清朝入關以後，他們以兼銜成爲總督，且長期領兵作戰。

> 孟喬芳，字心亭，直隸永平人。父國用，明寧夏總兵官。喬芳仕明爲副將，坐事罷，家居。天聰四年……出降，……隸烏眞超哈爲牛彔領眞。五年七月，置六部，以喬芳爲刑部漢承政，……順治元年，入關，改左侍郎。從諸軍西討。二年四月，以兵部右侍郎兼右副都御史，總督陝西三邊。……喬芳督陝西十年，破滅羣盜，降其脅從，前後十七萬六千有奇。……張存仁，遼陽人。明寧遠副將，與總兵祖大壽同守大凌河。天聰五年，太宗自將攻大凌河，從大壽出降，仍授副將。……崇德元年五月，始設都察院，班六部上。以存仁爲承政，並授世職一等梅勒章京。……順治元年，從入關，……二年六月，從貝勒博洛定浙江，以存仁領浙江總督。……十一月，授兵部右侍郎，兼都察院右副都御史，總督浙江、福建。……六年八月，起授兵部尚書，兼右副都御史，總督直隸、山東、河南三行省，巡撫保定諸府，提督紫金諸關，兼領海防。……論曰：……孟喬芳撫綏隴右，在當日疆臣中樹績最烈。張存仁通達公方，洞達政本。二人皆明將。明世武臣，未有改秩任節鉞者，而二人建樹固如此。資格固不足以限人歟，抑所遭之特異也。〔註6〕

孟喬芳與張存仁的出身、經歷完全相同，同時成爲新朝廷中漢軍旗在新設總督體系中的典範。而兩人兼銜也幾乎是一模一樣，連後世的評價也不分軒輊。惟他們在軍事上的權力與洪承疇比起來差距頗大，畢竟在明朝時官階就有相當大的距離。但總是有了「總督」頭銜，有了領兵權，在武力系統裏站穩了第一步。接下來看看幾位武職或文職的漢軍旗人物在成爲「總督」過程中加銜與領兵權的情狀，先看武職中曾任明朝與清朝總兵的李國英。

> 李國英，漢軍正紅旗人，初籍遼東。仕明隸左良玉部下，官至總兵。順治二年，與良玉子夢庚來降。三年，從肅親王豪格下四川，討張獻忠，授成都總兵。五年，擢四川巡撫。……，授世職二等阿達哈哈番。十一年，加兵部尚書。……十三年，加太子太保。十四年，擢陝西四川總督。……十七年，承裔據雅州復叛，國英督兵至嘉定，

〔註5〕錢儀吉纂，《碑傳集》卷5，〈國初功臣上〉。

〔註6〕見《清史稿》卷237，〈孟喬芳、張存仁〉，頁9475～9488之記載。

分三道進剿，破竹箐關入，承裔走黎州，追獲之。十八年，川、陝
各設總督，命國英專轄四川。〔註7〕

李國英，擔任過兩個朝代的總兵，滿清入關以後，他在順治二年降清，經歷
了總兵、巡撫等職務。後加兵部尚書銜與太子太保銜，終於在順治十四年，
成爲川陝總督。再看諸生出身的文職漢軍旗人物馬國柱。

馬國柱，遼陽人。天聰間，以諸生直文館。……崇德初，始置都察院。
三年，授國柱理事官。漢軍旗制定，隸正白旗。順治元年，從入關，
授左僉都御史。師已定大同、代州，七月，命國柱以右副都御史巡撫
山西，……（二年）十月，擢兼兵部侍郎，總督宣、大。四年七月，
加兵部尚書，移督江南、江西、河南三行省。……（十一年）二月，
有賴龍者，爲亂於湖廣，號「紅頭賊」，自桂東侵江西境，國柱與湖
廣總督祖澤遠合兵攻桂東，得龍，亂乃定，復加太子太保。〔註8〕

馬國柱由都察院起家，於順治元年先以右副都御史擔任巡撫，二年十月兼兵
部侍郎成爲總督，後又加銜兵部尚書，成爲三省總督，且常督軍作戰，並與
湖廣總督合兵圍攻亂賊，基本上總督都或多或少有著領兵權。另一位諸生出
身的文職漢軍旗人物羅繡錦亦加銜領兵作戰。

羅繡錦，亦遼陽人，以諸生來歸。……漢軍旗制定，隸鑲藍旗。七
年，兼牛彔額眞。順治元年，從入關。七月，命以右副都御史，巡
撫河南。……二年十一月，擢兼兵部右侍郎，總督湖廣、四川。湖
南諸州縣尚爲明守，自成從子錦擁眾降於明，侵湖北。……繡錦帥
師禦之，錦復敗走。〔註9〕

羅繡錦亦先以右副都御史擔任巡撫，再以兼兵部右侍郎成爲川湖總督，其任
總督經過與馬國柱類似。也有諸生出身的文職漢軍旗人物，並無巡撫經歷，
直接以兼銜成爲總督者，如馬鳴佩即是。

馬鳴佩字潤甫，本貫山東蓬萊。……順治三年，自下湖南道參政授
戶部侍郎銜，總督江南糧儲兼理錢法。……八年，入爲戶部侍郎。
十年，改總督倉場侍郎。十一年二月，命以兵部左侍郎兼右副都御
史，總督宣、大、山西。勸墾宣府、大同荒地三千餘頃。盜發平陽，

〔註7〕　見《清史稿》卷240，〈李國英〉，頁9529～9531之記載。
〔註8〕　見《清史稿》卷239，〈馬國柱〉，頁9517～9520之記載。
〔註9〕　見《清史稿》卷239，〈羅繡錦〉，頁9520～9522之記載。

> 鳴佩令副將許占魁等捕治，分兵扼隘，……十月，加兵部尚書，移
> 督江南、江西。時鄭成功爲寇海上，陳其綸、汪龍等爲明將，號爲
> 侯、伯，據郡縣，遙應成功。鳴佩檄總兵胡有升等攻其綸瑞金，破
> 大柏山寨。其綸走寧都天心寨，寨民獲以獻；復獲龍九江，並擊破
> 成功之徒胡寧等。未幾，明將張名振以舟師侵崇明，鳴佩亦以舟師
> 禦之，名振敗走，得其副將林正禮等。〔註10〕

馬鳴佩曾擔任總督糧儲，但那並非總督正官，他於順治十一年二月才正式以
兼都察院右副都御史暨兵部左侍郎銜成爲總督，同年十月加兵部尚書銜，並
由西北移督東南。

　　以上談了幾位總督兼銜的例子，康熙、雍正兩朝任用總督共計一百四十
人，漢軍五十五人仍爲第一，滿人則有四十六人居次，漢人三十九人第三，
已趨平衡。

> 麻勒吉，順治九年，授修撰。十年，弘文院侍講學士。十一年，學
> 士。十八年，授秘書院學士。康熙五年，擢刑部侍郎。七年，授江
> 南江西總督。十二年，大計，左遷兵部督捕理事官。二十三年，授
> 步軍統領。〔註11〕

麻勒吉在康熙七年進入總督體系，後來雖左遷，但仍在中央與地方任高級職
務，是滿洲勢力介入總督的前奏。

　　職權包括職掌與權力，兩者之間的差異在於，職掌爲法律規定的職責，
而權力則爲實際政治行爲之運用。當然職掌和權力兩者相互影響，總督權力
依法定職掌而展開運作，但隨著時代、環境、人物的不同，權力亦隨著有所
消長，有時需要制定新的法令規章，賦予新的職責，以符合現實之需要。

　　總督之職掌，廣泛言之，在處理轄區內軍政等文武百般事務，但並無具
體之界說。要確實瞭解其職掌，必須從其官銜上來看，皇帝賦予其職則爲何
而定。首先，舉《清史稿疆臣年表》上第一位總督，順治元年時任天津總督
駱養性，其官銜全名爲例。

> 欽命總督海運、漕河、海島、天津等處地方軍務，兼理糧餉、鹽課，
> 太子太傅左都督駱養性。〔註12〕

〔註10〕 見《清史稿》卷239，〈馬鳴佩〉，頁9513～9517之記載。
〔註11〕 見《清史稿》卷273，〈麻勒吉〉，頁10038～10040之記載。
〔註12〕 見《清世祖章皇帝實錄》，順治元年六月初三日己未條之記載。

清之總督，因始於明，明之總督，重在遣使性質，有事則設，事竟則罷。其後雖有漸成定制之勢，然其時，總督對地方大吏布政使司、按察使司職權之侵凌尚未明顯。考其總督之始設，要皆用統軍務。蓋以正統而後，或變生於腹裏，或釁起於邊陲，而諸邊諸省一時撫臣多不能振聯屬之策，興討罪之師。故多設總督以聯屬而節制之，俾一省難作，則總督調近省之食與兵而合制之，難已責散而歸之。

　　清初總督之置，在於統轄節制綠營兵，軍事征伐為首要。有戰況，朝廷另簡欽差大臣或大將軍，統帥駐防將軍所轄之八旗兵及總督所轄之綠營兵。總督與將軍戰時同為副統帥，平時則相互支援，也相互牽制。而清初總督，多由明降臣漢軍旗將領出任，他們之任務，主要在掃平對清政權危害之逆賊。

二、軍事權衍生的奏請權

　　總督權力，一定有兵有餉才能有權。順治時期的總督，大多為明朝降將，並編入漢軍八旗中。他們的任務主要是配合滿洲八旗的作戰行動，而所轄的部隊則為漢人組成的綠營。

　　孟喬芳、張存仁、李率泰三人，是典型初期總督的代表性人物，他們的權力是掌握漢人武力部隊，也就是綠營。除了征伐外，安民也是他們的重要任務。首先，是川陝三邊總督孟喬芳的軍事奏請權。

> 順治十年二月，命（陝西三邊總督孟喬芳）兼督四川兵馬錢糧，疏言：「陝西七鎮及督撫各標為兵九萬八千有奇，合滿洲四旗及平西王吳三桂、固山額真李國翰兩軍，歲餉三百六十萬而弱，而陝西賦入一百八十六萬，不足者殆半，後將難繼。甘肅處邊遠興安界，三省兵當循舊額。延綏、寧夏、固原、臨鞏四鎮鎮留三千人，慶陽協五百人，餘五千五百人可省也。漢羌既駐三桂、國翰兩軍，宜裁總兵官。興鎮置副，留千人，陽平關、黑水峪、漢陰縣各五百人，餘二千五百人可省也。提督駐省會，留二千人，餘二千人亦可省也。各道標兵悉令屯田，延鎮、定邊、神木三道無屯田，止用守兵，計所省又二千餘人。都省兵一萬二千人，省餉歲三十一萬。今四川未定，當令右路總兵官馬寧率精兵三千駐保寧，以步兵五千分駐保寧迤北廣元、昭化間，以屯田為持久。三桂駐漢中，相為犄角，規取四川。」既，復疏言：「師進取四川，宜隨在留兵駐防，以樹干城，謀生聚。

師行，當給人馬三、伴丁一，攜甲仗，以利攸往。」上褒其謀當。
〔註13〕

孟喬芳成名西北，而與之齊名的張存仁則在東南與華北有著顯著成就，他也藉著有戰功後，有著軍事權衍生出奏請權。

> 順治二年六月，從貝勒博洛定浙江，以存仁領浙江總督。兵後民流亡，存仁集士紳使撫諭，民復其所。七月，疏言：「近有薙髮之令，民或假此號召爲逆。若反形既著，重勞大兵，莫若速遣提學，開科取士，下令免積逋，減額賦，使讀書者希仕進，力田者迄追呼，則莫肯相從爲逆矣。」得旨，謂「誠安民急務也」，令新定諸行省皆準恩詔施行。〔註14〕

蔡毓榮，漢軍正白旗。康熙九年，授四川湖廣總督，駐荊州。康熙十二年吳三桂反，毓榮遣諸總兵入貴州。朝廷命順承郡王勒爾錦爲大將軍，率八旗兵討吳三桂，駐荊州，諭毓榮督餉。康熙十三年，分設四川總督，命毓榮專督湖廣，以招民墾荒功，加兵部尚書，督綠旗兵進剿。康熙十四年，勒爾錦請增綠旗兵援剿二營，領以兩副將，命毓榮統轄。康熙十八年，上諭：「賊敗遁負險，宜用綠旗步兵。毓榮所屬官兵強壯，不難攻取險隘，剿除餘寇。其具方略以聞。」毓榮疏請專責一人，總統諸路綠旗兵水陸並進，上即授毓榮綏遠將軍，賜敕，總統綠旗兵，總督董衛國、周有德、提督趙賴等並受節制。康熙二十年，雲南平。毓榮還任湖廣總督。康熙二十一年，調雲貴總督，也利用戰功，提出奏請。

> 累疏區畫善後諸事：「一曰蠲荒賦。二曰制土夷。三曰請逋逃。四曰理財源。五曰酌安插。六曰收軍仗。七曰勸捐輸。八曰弭野盜。九曰敦實政。十曰舉廢墜。」疏入，廷臣議行。別疏言：「督標舊額兵四千，請增千爲五營。吳三桂設十鎮，今改爲六。」〔註15〕

三、新征服之地的行政權與司法權的介入

朱昌祚，國初入鑲白旗籍。康熙三年，遷福建總督，丁憂，未之任。四年六月，特起直隸河南山東三省總督，請終制，不允。五年，蒞任，銳意任事。

〔註13〕 見《清史稿》237〈孟喬芳〉，頁9480之記載。
〔註14〕 見《清史稿》237〈張存仁〉，頁9486之記載。
〔註15〕 見《清史稿》256〈蔡毓榮〉，頁9787～9791之記載。

（康熙）五年十一月，以鑲黃、正白等旗撥換地畝，小民失業者眾，上疏請罷其役，曰：「竊見七旗控告當年圈給近畿地畝，……臣奉文星，馳駐箚薊州野外，每日督率各官從城壕邊起，由近及遠，逐一圈丈。……祇因鑲黃旗下地畝甚不堪種，酌議更換；又以正白旗下地畝，當日分撥不符祖制次序，故令兩旗更正，欲其相安垂久之策也。……伏請聖明斷自宸衷，毅然停止，俾旗下官丁各隨所願，仍守故土，而京東一十二城老幼億萬，獲免流離播遷，皆沐聖主浩蕩生全之德矣。……疏入，輔臣鰲拜等以其越行干預，矯旨革職，交刑部立絞死，旗民哀之。聖祖親政，下詔雪其冤，予祭葬，謚曰勤愍。〔註16〕

朱宏祚，為朱昌祚之弟，康熙三十一年十二月任閩浙總督。及總督閩浙，飭營將，整部武，覈糧饟，嚴扣剋，東南壁壘一時改觀。

監司守令，察有貪污，立挂白簡，前後彈劾不下二三十人。會兩浙薦饑，有司議報富戶捐賑，人情洶洶，幾成大變。臺灣孤懸海外，土著之民多業耕獵，往往為奸弁侵蝕。公皆嚴禁乃止。時有廣東撫軍及鹽使者互訐之案，上命公往勘。明年秋，臺臣條陳太湖水利，上又命公相視。報命，悉稱旨。二役舊例，皆差部堂大臣，上謂一時廉正無如公者，故特旨命之。未幾，以大計疏內有「地瘠民佻」四字，不稱旨，罷歸。〔註17〕

郎廷極，康熙五十一年二月署兩江總督，十月改漕運總督。

尋奉命兼理兩江總督。益持風節，裁一切陋規，正己率屬，無敢以絲粟餽者。九閱月，晉總督漕運。漕丁點鶩，寬則作奸，侵漁米石不可紀；急則叫呼為不靖，持主者短長。公撫以恩，繩以法，皆聽令，過淮抵通，萬艘無後期，亦無虧耗者。浙江嘉湖白糧，經費久裁減，公憫其苦，請如舊給發。他惠政稱是。〔註18〕

四、權力的分割狀態

康熙二十三年諭曰：「國家自祖宗定鼎以來，委任漢軍官員與滿洲一體，其

〔註16〕　見《碑傳集》63〈朱昌祚〉，頁1771～1773之記載。
〔註17〕　見《碑傳集》66〈康熙朝督撫中之下朱宏祚〉，頁1892～1893之記載。
〔註18〕　見《碑傳集》68〈康熙朝督撫下之下郎廷極〉，頁1934之記載。

中頗有宣猷效力如孟喬芳、張存仁輩，朝廷亦得其用。」蓋聖心眷注，始終不替云。清初入關前尚未有綠營，凡作戰以八旗兵為主，故孟喬芳與張存仁必須隨同八旗兵聯合作戰。《清史稿》云：各直省駐防制，順治二年，始設江南江寧左翼四旗，陝西西安右翼四旗，皆滿蒙兵二千。《清史稿》云：各直省營制，順治二年，陝西初設川陝總督，並轄四川兵，標兵分五營。初設陝西漢兵提督及寧夏提督，分五營，皆設將領八，兵凡四千人。順治五年，定浙江官兵京制，設總督，標兵分三營，設副將或游擊將領各八，兵共三千。

鄂爾泰，滿洲鑲藍旗人，雍正四年十月真除雲貴總督。

> 四川烏蒙土司祿萬鍾為亂，侵東川。鄂爾泰請以東川改立雲南，上從之。仍命會四川總督岳鍾琪按治，招其渠祿鼎坤出降。鄂爾泰令鼎坤招萬鍾，數往不就撫，乃檄總兵劉起元率師討之，破其所居寨。萬鍾走匿鎮雄土司隴慶侯所。五年，萬鍾詣鍾琪降，慶侯亦詣鍾琪請改土歸流。上命鍾琪以萬鍾、慶侯交鄂爾泰按讞。〔註19〕

岳鍾琪與鄂爾泰，一漢一滿，各有其職責與權力。

> 先是，雲南、貴州、廣西三省苗，屢撫屢反。公奏：「欲百年無事，非改土歸流不可，欲改土歸流，非大用兵不可。宜悉令獻土納貢，違者勦。」疏上，盈廷失色，世宗大悅曰：「卿，朕奇臣也。此天以卿賜朕也。」命公進呈生年月日，與怡賢親王赴養心殿，手鑄三省總督印付公。公知人善任，賞罰明肅，一時麾下文武張廣泗、張允隨、元展成、哈元生、韓勳、董芳等，各以平苗立功，致身通顯。
> 〔註20〕

尹繼善，滿洲鑲黃旗人。

> 其督南河也，上命開天然壩，公不可。適浙督李衛入覲，過清江，傳旨嚴斥，且云：「衛已奏明，黃水小，開固無妨。」公覆奏：「李衛不問河身之深淺，而但問河水之小大，非知河者也。倘河淺壩開，宣流太過，則湖水弱，難以敵黃之強。」方草奏時，幕中客齊為公危，有治裝求去者，公不為動。世宗喜曰：「卿有定見，朕復何憂。」輟御衣冠賜公，而加公太子太保。其調雲貴入覲也。江南災，河東總督田文鏡欲夸所屬之豐，請漕東粟助賑。按察使唐綏祖密奏東省

〔註19〕 見《清史稿》288〈鄂爾泰〉，頁 10231～10232 之記載。
〔註20〕 見《碑傳集》22〈雍正朝宰輔鄂爾泰〉，頁 745 之記載。

亦災，粟宜留。世宗問公，公奏如綏祖言。世宗曰：「如卿言，山東誠災，第綏祖田文鏡所薦，不宜異議。」公曰：「臣聞古人有申公憲以報私恩者。若臣作田文鏡，只知感愧，不知嫌怨。」……公清談干雲，而尤長奏對。世宗嘗詔公曰：「汝知有督撫中當學者乎？李衛、鄂爾泰、田文鏡是矣。」公應聲曰：「李衛，臣學其勇，不學其粗；田文鏡，臣學其勤，不學其刻；鄂爾泰大局好，宜學處多，然臣亦不學其愎也。」……上嘗下詔云：「本朝滿洲科目，惟鄂爾泰、尹繼善二人。」〔註21〕

李衛，字又玠。雍正四年，遷總督，節制江南七府、五州。

當是時，浙省逆案屢發，杭州汪景祺、查嗣庭等以誹謗伏誅，而妖人曾靜又爲石門呂留良弟子。上震怒，停浙人禮部試，將大創之，賴公外嚴內寬，教督於下，開說於上，致民俗丕變，天心回和，庚戍殿試前三名皆浙人。……七年，召署刑部尚書，加太子太保，未二月，總督直隸。故事，直隸五總兵、一提督，與總督抗行。公往，悉受節制，總河朱藻素佴張，公首劾之，減死爲城旦春。公負氣好勝，遇權要人務出其上乃已。當是時，大將軍年羹堯、河東總督田文鏡、九門提督鄂爾奇、管戶部果親王皆隆赫柄用，而公輒彈劾搖撼之，雖有動有不動，然中外側目，欲甘心於公者相環矣。賴世宗知公深，排羣言，眷寵不少衰。〔註22〕

第二節　整體型的權力集中

嘉慶以後，總督不僅行政、司法統轄位階提高，亦在外交上占一席之地。而軍事權的擴增與財政權的掌控，使得總督的權力高漲，而且是整體型的權力集中趨勢。

一、行政權的統轄位階

孫玉庭，字寄圃，山東濟寧人。

嘉慶二十一年，擢湖廣總督。未幾，調兩江。漕、鹽、河爲江南要

〔註21〕見《碑傳集》27〈乾隆朝宰輔中尹繼善〉，頁894～895之記載。
〔註22〕見《碑傳集》69〈雍正朝督撫李衛〉，頁1985～1986之記載。

政，日臻疲累。玉庭久任封圻，治尚安靜，整頓江西、湖北引岸緝私，籌款生息，津貼屯丁，減省漕委，隨事爲補苴之計，稍稍相安。宣宗即位，特加太子少保銜。時用尚書英和言，清查直省陋規，立以限制，下疆臣議久遠之法。玉庭疏言：「自古有治人無治法。果督撫兩司皆得人，則大法小廉，自不虞所屬苛取病民；非然者，雖立限制，仍同虛設，弊且滋甚。各省陋規，本干例禁。語云：『作法於涼，其弊尤貪。』禁人之取猶不能不取；若許之取，勢必益無顧忌。迨發覺治罪，民已大受其累。府、廳、州、縣祿入無多，向來不能不藉陋規爲辦公之需，然未聞准其加取於民垂爲令甲者，誠以自古無此制祿之經也。伏乞停止查辦，天下幸甚。」疏入，詔褒其不媿大臣之言。道光元年，授協辦大學士，仍留總督任。……四年，拜體仁閣大學士，留任如故。〔註23〕

覺羅寶興，字獻山，隸鑲黃旗。

道光十七年，（成都將軍）署四川總督，逾年實授。……十九年，疏言：「禦邊之策，不外剿、撫、防三者。撫之之道，在施於平時，斷無失利之後轉而就撫之理。比來勞師糜餉，迄無成功。爲今計者，以修邊防爲急務，陳防邊五事：增兵額、改營制、築碉堡、定期巡閱、優獎邊吏。」疏下議行。……先是寶興以馬邊諸廳縣增設防兵，籌議邊防經費，請按糧津貼，計可徵銀百萬兩，以三十萬爲初設防兵之需。每歲經費，即以餘銀七十萬兩生息，置田供之。上以津貼病民，撥部帑銀百萬。……二十一年，拜文淵閣大學士，留四川總督任。時大學士琦善、協辦大學士伊里布相繼罷，在朝滿洲大臣鮮當上意，故有是授。〔註24〕

二、司法權統轄的位階

方維甸，總督方觀承之子。

嘉慶十四年，擢閩浙總督。蔡牽甫殲，朱渥乞降，遣散餘眾。臺灣嘉義、彰化二縣械鬥，命往按治，獲犯林聰等，論如律。疏言：「臺灣屯務廢弛，派員查勘，恤番丁苦累，申明班兵舊制，及歸併營汛

〔註23〕 見《清史稿》366〈孫玉庭〉，頁11443～11445之記載。
〔註24〕 見《清史稿》365〈覺羅寶興〉，頁11431～11433之記載。

地，以便操防；約束臺民械鬥，設約長、族長，令管本莊、本族，嚴禁隸役黨護把持；又商船貿易口岸，牌照不符，定三口通行章程，杜丁役句串舞弊。」詔皆允行。以臺俗民悍，命總督、將軍每兩年親赴巡查一次，著爲例。〔註25〕

蔣攸銛，字礪堂，漢軍鑲紅旗人。

嘉慶十六年，擢兩廣總督。嚴於治盜，遴勤幹文武大員駐廣、肇、韶、連諸郡居中之地，分路搜截，飭州縣官赴鄉勸導耆老，使境內不得藏奸，舉劾嚴明，吏皆用命。歷擒匪盜七百餘名，自首者許自新，特詔襃獎。……二十二年，調四川總督。四川兵故驕縱，一裁以法。民多帶刀劍，禁鄉村設爐製兵刃。城市編牌取結，有犯連坐。以義倉租息助灌縣都江堰歲修，禁派捐累民。重修文翁石室，興學造士。言官請禁非刑，飭屬銷毀違法刑具，而嚴戒縱匪，不得博寬厚虛名，貽閭閻實害。〔註26〕

董教增，字益甫，江蘇上元人。

嘉慶二十二年，擢閩浙總督。先是海寇未平，禁商民造船高不得逾一丈八尺，小不任重載，難涉風濤，沿海多失業。教增以寇平已久，請免立禁限，以從民便，允之。福清武生林彌高者，健訟包糧，阻眾不納，邑令躬緝，爲其黨邀奪，官役並傷，令文武往捕獲，彌高嗾其黨劫持，通縣抗徵。教增親鞫得彌高罪狀，立斬以徇，諸郡慴懼，強宗悍族抗欠者，皆輸納如額。奏入，詔嘉其能。臨海民糾眾毆差，致釀大獄。巡撫楊護坐褫職，命教增兼攝浙撫，鞫治之。漳、泉兩郡多械鬥殺人，官吏往往不能制。龍溪令姚瑩捕渠魁五人，杖斃之。巡撫疑其違制，教增曰：「刑亂國宜用重典」優容之，悍俗稍戢。〔註27〕

三、外交權的逐步參與

阮元，字伯元，江蘇儀徵人。

嘉慶二十二年，調兩廣總督。……迭疏陳預防夷患，……詔勗以德

〔註25〕見《清史稿》357〈方維甸〉，頁 11333～11334 之記載。
〔註26〕見《清史稿》366〈蔣攸銛〉，頁 11446～11447 之記載。
〔註27〕見《清史稿》357〈董教增〉，頁 11334～11336 之記載。

威相濟，勿孟浪，勿葸懦。道光元年，兼署粵海關監督。洋船夾帶鴉片煙，劾褫行商頂帶。二年，英吉利護貨兵船泊伶仃外洋，與民鬥，互有傷斃，嚴飭交犯，英人揚言罷市歸國，即停其貿易。久之折閱多，託言兵船已歸，俟復來如命。乃暫許貿易，與約船來不交犯乃停止。終元任，兵船不至。元在粵九年，兼署巡撫凡六次。〔註28〕

徐廣縉，字仲升，河南鹿邑人。

道光二十八年，擢兩廣總督兼通商大臣。自江寧定約五口通商，許廣州省城設立棧房，領事入城，以平禮相待。粵民堅執洋人不准入城舊制，聚眾以抗，官不能解。總督耆英既與英人議緩俟二年之後，循內召，廣縉繼任。會黃竹岐鄉民毆殺英人六，領事德庇時要挾賠償保護，廣縉治殺人者罪，而拒其非理之求，戒諭人民毋暴動，事得解。德庇時回國，文翰代為領事，初至請謁。廣縉赴虎門閱礮臺，延見之，遂登其舟，示以坦白。二十九年，文翰以兩年入城之期已屆，要踐約，廣縉諭以耆英所許，乃姑為權宜之計，民情憤激，眾怒難犯，非官所能禁止。文翰則堅持成約，且以他省入城相詰難，揚言將駕兵船至天津訴諸京師，相持不下。……文翰內受牽制，乃罷入城之議，乞照舊通商。〔註29〕

四、軍事實權的擴增

仁宗嘉慶時期，承平日久，八旗兵已腐敗不堪，綠營兵雖取而代之，但白蓮教亂起，綠營亦退居第二線，鄉勇團練成為主力先鋒。但這對於綠營統帥、各處的總督來說，卻是權力高漲的開始。鄉勇團練始自雍正，惟其實旋募旋散，初非經制之師。其起始經過如下：雍正八年，雲貴廣西總督鄂爾泰平西南烏蒙之亂，調官兵萬餘人，鄉兵半之，遂定東川，這乃鄉兵之始。以後乾隆時用兵小金川；嘉慶時平定苗疆，皆為鄉兵之功。朝廷竟令各省以訓練鄉兵之法練官兵。但當時各省鄉兵名目繁多，且額數多寡不齊，器械良窳不一，餉章增減不定。而鄉兵又可分為鄉勇與團勇，隨營打仗，防守卡阨，官給鹽菜口糧，聽候調撥者，謂之鄉勇；百姓自己出資，修築堡寨，擇其中

〔註28〕見《清史稿》364〈阮元〉，頁 11421～11423 之記載。
〔註29〕見《清史稿》394〈徐廣縉〉，頁 11761～11762 之記載。

年力精壯，各備器械，里民自行捐給口糧，以爲守禦者謂之團勇。是則鄉兵亦有守戰之分。

　　而總督軍權高漲的最大關鍵，爲咸豐二年在籍侍郎曾國藩奉命辦理湖南鄉勇團練爲起點。亦爲清廷兵權移歸漢臣之開端。但曾國藩初辦團練旨意是在保鄉衛土，當時清廷諭辦團練，亦只希冀於各地能自保，殊鮮供政府調遣之意。咸豐三年，太平軍陷九江攻湖北，武昌危在旦夕，同年十月，上諭曾國藩團練鄉勇甚爲得力，著酌帶練勇馳赴湖北，所需軍餉著湖南巡撫駱秉章籌撥供支。並說明兩湖脣齒相依，自應不分畛域，一體統籌也。至此一反昔日不得遠行調遣之諭令，將鄉勇團練乃爲自保之原則置而不顧。曾國藩所練鄉團遂成湘軍，乃爲團練改勇營之始。又此期用以典兵的欽差大臣，其實權之輕重，已不存於名位而潛移於軍功，曾國藩之得見命於爲兩江總督加欽差大臣，實以湘軍實力之所使然。

　　左宗棠，字季高，湖南湘陰人。

> 同治五年，會王師征西陸回亂久無功，詔宗棠移督陝甘。十月，簡所部三千人西發，令劉典別募三千人期會漢口，中途以西捻張總愚竄陝西，命先入秦剿賊。陝甘回眾數至百萬，與捻合。宗棠行次武昌，上奏曰：「臣維東南戰事利在舟，西北戰事利在馬。捻、回馬隊馳騁平原，官軍以步隊當之，必無幸矣。……俾得從容規畫，以要其成。」六年春，提兵萬二千以西。議以礮車制馬賊，而以馬隊當步賊。捻候見礮車，皆不戰狂奔。時陝西巡撫已解任，總督楊岳斌請歸益急。詔寧夏將軍穆圖善署總督，宗棠以欽差大臣督軍務。……以陝甘總督協辦大學士，加一等輕騎都尉。奏請甘肅分闈鄉試，設學政。十三年，晉東閣大學士，留治所。〔註30〕

太平天國戰亂中，以軍功得總督職位者甚多，是時地方興編團練，雖須奏明朝廷以求裁可，其兵額餉械皆由督撫擬定奏明皇帝，而皇帝爲急於平亂，但能地方自謀解決，無不允許。團練之需補充或擴編時，復此辦理，因之練兵成爲督撫當然之職權。同治中興諸總督，各自練兵，各自籌餉，軍事實權大增。雖兩江總督曾國藩於金陵攻克後，解散了湘軍，然原湘軍將帥成爲各省督撫；而李鴻章之淮軍，更繼之成爲一股勢力。其後任兩江、直隸、兩廣總督，權勢極大。

〔註30〕見《清史稿》412〈左宗棠〉，頁 12023～12031 之記載。

李鴻章，字少荃，安徽合肥人。父文安，刑部郎中。其先本許姓。鴻章，道光二十七年進士，改庶吉士，授編修。從曾國藩游，講求經世之學。洪秀全據金陵，侍郎呂賢基爲安徽團練大臣，奏鴻章自助。咸豐三年，廬州陷，鴻章建議先取含山、巢縣圖規復。……十一年，國藩既克安慶，謀大舉東伐。會江蘇缺帥，奏薦鴻章可大用，江、浙士紳亦來乞師。同治元年，遂命鴻章召募淮勇七千人，率舊部將劉銘傳、周盛波、張樹聲、吳長慶，曾軍將程學啓，湘軍將郭松林，霆軍將楊鼎勳，以行。又奏調舉人潘鼎新、編修劉秉璋，檄弟鶴章總全軍營務。……四年四月，科爾沁親王僧格林沁戰歿曹州，以曾國藩爲欽差大臣，督其軍。鴻章署兩江總督，命率所部馳防豫西，兼備剿京東馬賊、甘肅回匪。鴻章言：「兵勢不能遠分，且籌餉造械，臣離江南，皆無可委託。爲今日計，必先圖捻而後圖回。赴豫之師，必須多練馬隊，廣置車騾，非可猝辦。」詔寢其行。時曾國藩督軍剿捻久無功，命回兩江，而以鴻章署欽差代之，敗東捻任柱、賴文光於湖北。六年正月，授湖廣總督。……國家舊制，相權在樞府。鴻章與國藩爲相，皆總督兼官，非眞相。然中外繫望，聲出政府上，政府亦倚以爲重。其所經畫，皆防海交鄰大計。〔註31〕

另湘軍左宗棠，任陝甘總督得勢西北。惟他們尚稱忠謹，並無反叛朝廷之舉。

五、財政實權的掌握

各省財政權何以漸集中於督撫之一身，此亦與練兵有關。因軍餉不能應手則士卒即難從命，是乃不易的原則。故爲總督者，其軍權既擴增，則必須掌握財政以爲其軍權之支持。清季以後，各省督撫於應解中央之款項，遲遲不繳，幾經頒旨督促，多似置若罔聞，或藉故拖延。然中央戶部每歲例支款項則無法缺緩，其中央財政日形支絀以至匱乏。

另各省之抽捐厘金，厘金又稱厘捐，係於水陸要隘，分布卡局，以抽行商貨物之稅，大致照物值抽若干厘，故名之。厘金之設，旨在暫濟餉需，總督秉有治軍作戰之責，中央軍需無法補足，各省協餉又復拖延。總督需養兵又處此情況之下，勢必自闢財源不可，其所覓之途徑，即是開辦厘捐。各省

〔註31〕 見《清史稿》411〈李鴻章〉，頁 12011～12022 之記載。

厘金制度之實施約在咸豐五年至咸豐八年之間。各省自得厘金之後，財政權始大，其與中央的財政關係，也開始發生轉變。各省財政逐漸趨向獨立，中央對於地方的財政控制，漸次放鬆。

江南大營的餉，由兩江總督專責籌措，每個月約需五十萬兩銀子，由江蘇的蘇州、松江、常州、太倉以及浙江的杭州、嘉興、湖州、寧波、紹興等等地方籌措，按期供應。

咸豐十年，外有英法聯軍，內有江南大營的徹底崩潰，等於給予清廷從根狠狠的一擊。中央對各省的軍事和財政，幾乎全都失去了掌握，從此各省視厘金和一切稅收，如同私產，非復中央所能過問。但也正虧了如此，各省總督財政權與軍事權歸於統一，所受中央掣肘較少，因能放手與太平軍周旋，軍事始漸次有起色。咸豐十一年以後，清軍與太平軍雙方逐漸優劣易勢，太平軍所控制地盤日漸縮小，清軍收復失地卻日漸廣大。而清軍所收厘金及其他課稅也日增，終於同治三年六月，攻下了金陵，清廷國運，乃幾絕而復甦。同年三月，戶部奏准免除各省軍需造冊報銷。同治四年後，以洪楊之亂已平定，各省厘金局卡多有裁撤，但對各省收支情形，朝廷愈來愈形隔膜，尤其收數頗大的厘金，終清之世，北京朝廷就從來不曾有效支配過。

劉坤一，字峴莊，湖南新寧人。

> 光緒元年，擢兩廣總督。廣東號為富穰，庫儲實空，出入不能相抵。議者請加鹽釐及洋藥稅，坤一以加鹽釐則官引愈滯，但嚴緝私販，以暢銷路；又援成案，籌款收買餘鹽，發商交運，官民交便。藥釐抽收，各地輕重不同，改歸一律，無加稅之名，歲曾鉅萬。〔註32〕

張之洞，直隸南皮人，同治二年進士，廷對策不循常式，用一甲三名授編修。

> 張之洞論奏其失，請斬崇厚，毀俄約。光緒七年，由侍講學士擢閣學，俄授山西巡撫。移督兩廣。十二年，兼署巡撫。在粵六年，調補兩湖。二十一年，代劉坤一督兩江，至則巡閱江防，江南自強軍。尋還任湖北。二十六年，京師奉亂，時劉坤一督兩江，李鴻章督兩廣，張之洞督湖廣，同與外國領事定保護東南之約。二十八年，充督辦商務大臣，再署兩江總督。明年入覲，充經濟特科閱卷大臣。三十二年，晉協辦大學士。

〔註32〕見《清史稿》413〈劉坤一〉，頁 12046～12048 之記載。

第五章　體系的鞏固

　　清代總督員額多達十員以上，自然容易形成一個官僚體系，這個體系在明清之際由邊防體系轉而成為征服體系，國勢底定之後，又重新轉為防衛體系。這個體系的演進發展是本章所要討論的重點，前述順治、康熙二朝總督以漢軍八旗為最多，他們大多為明之降將或歸順之知識分子，因參加了滿清大軍進關之征服行動，惟在這次行動中，他們原先的份量只是協助並非顯著，但在佔領新征服之地以後，總督有長久經營之職權，因而得以逐漸建立穩固的體系。在雍正、乾隆二朝後，滿洲大臣大量進入總督體系，因為這個體系已成為地方最重要的軍事力量。嘉慶之後，漢人以量制勝，逐漸形成漢人體系，尤其是咸豐以後，為平定太平天國之亂，漢人體系更為鞏固，並演為後來的朝代更替之際的最大力量。本章將之分為征伐與防衛等二個階段來討論。

第一節　征服時期的綠營統領體系

　　總督為滿清征服武力之一環，清朝初期設置總督之用意，即以明朝歸順漢人組成漢軍旗人，並賦予明朝兵部侍郎或都察院副都御史等大員頭銜總督邊防軍務的重責，以如此尊貴的官位，籠絡著歸順明臣，他們帶著總督頭銜，隨著親王或大將軍的追剿流寇或餘黨，另為消滅前明餘孽；還有為了穩固新擴張之領土，因而從西北至東南，需要漢軍旗來鞏固新征服之區域，這給了漢軍旗在清初的政壇上有了一個明確的定位。

一、順康之際的漢軍旗綠營兵統領系統

在滿清入關之後，由漢人組成的綠營兵成為八旗兵以外的戰鬥主力。綠營之統帥是由總督、巡撫、提督、總兵等率領，其中總督是綠營最大的指揮官。由於有了綠營兵統帥權，總督漸漸地成為滿漢大臣爭取的重要官職，也形成各種不同的軍事系統。

總督統綠營兵的第一個系統是由漢軍旗出身的總督組成，入關前，他們前明降清的將領或諸生，入關後，他們皆陸續成為統率綠營兵的總督。順治十八年八月十三日，各省均設總督。〔註1〕同年九月十一日全部改授，共十七個總督，是整個清朝設置總督員額最多的一個時期。十七員總督中，除直隸、漕運、河道三位總督由漢人擔任外，其餘十四員總督皆由漢軍旗出任，這十四位漢軍旗總督都統領著綠營兵，有著戰功。

江南總督由原江南江西總督郎廷佐出任。

> 郎廷佐，字一柱，漢軍鑲黃旗人，世籍廣寧。父熙載，明諸生。太祖克廣寧，熙載來歸，授防禦，以軍功予世職遊擊。崇德元年卒，長子廷輔嗣。廷佐，其次子也。自官學生授內院筆帖式，擢國史院侍讀。順治三年，從肅親王豪格徇四川，平張獻忠。六年，從英親王阿濟格討叛將姜瓖。還秘書院學士。……十二年，擢江南江西總督。……未幾，成功陷鎮江，襲瓜洲，遂窺江寧，城守單弱。會梅勒額真噶楚哈、瑪爾賽自貴州旋師，廷佐與駐防總管喀喀木邀入城共禦敵，挫其前鋒，得舟二十餘。成功兵大至，戰艦蔽江，廷佐登埤固守。提督管效忠、總兵梁化鳳等水陸夾擊，焚敵艦五百餘，擒斬無算，成功遁入海。捷聞，詔嘉獎。十八年，分江南江西總督為二，以廷佐專督江南。〔註2〕

山東總督由原浙江總督趙國祚出任

> 趙國祚，漢軍鑲紅旗人。父一鶴，太祖時來歸。天聰間，授三等甲喇章京。國祚其次子也。初授牛彔額真，屯田義州。從征黑龍江。取前屯衛、中後所。順治初，從征江南，克揚州、嘉興、江陰，皆有功。世職自半箇前程累進二等阿達哈哈番。歷官自甲喇額真累遷

〔註1〕 見《清聖祖仁皇帝實錄》，順治十八年八月十三日己未條：命各省各設總督一員，駐箚省城。又《光緒大清會典事例》卷23可參證。

〔註2〕 見《清史稿》273〈郎廷佐〉，頁10033～10034之記載。

鑲白旗漢軍固山額眞。十三年，加平南將軍，駐師溫州。十五年，
授浙江總督。鄭成功犯溫州，國祚督兵擊卻之，得舟九十餘。成功
又犯寧波，副都統夏景梅、總兵常進功等督兵擊卻之，奏捷，上以
成功自引退，疏語鋪張，飭毋蹈明末行間陋習，罔上冒功。成功旋
大舉犯江寧，督兵防禦，事定，部議國祚等玩寇，當奪官，詔改罰
俸。國祚督浙江四年，頗盡心民事。歲饑，米值昂，發帑平糶，並
移檄隣省毋過糶，民以是德之。十八年，調山東，復調山西。〔註3〕
山西總督由一等侍衛祖澤溥出任。

祖澤溥，漢軍正黃旗人，祖大壽子也。祖大壽，字復宇，遼東人。
仕明爲靖東營游擊。經略熊廷弼奏獎忠勤諸將，大壽與焉。……明
年，世祖定鼎京師，大壽從入關。子澤溥在明官左都督，至是亦
降。……澤溥初降，授一等侍衛。累遷福建總督。〔註4〕
河南總督由秘書院學士劉清泰出任。

劉清泰，漢軍正紅人，初籍遼陽，名朝卿，以諸生歸太宗，賜今名。
崇德六年，試一等，入內院辦事。順治二年，擢弘文院學士。九年，
充會試副考官。授浙江福建總督。時鄭成功據廈門，陷漳浦、海澄、
南靖諸縣，上命其父芝龍作書，敕清泰諭降。十年二月，清泰疏劾
巡撫張學聖、巡道黃澍、總兵馬得功前此偵成功赴粤，潛襲廈門，
攫其家貲，致成功修怨，連陷城邑，學聖等並坐黜。三月，清泰得
成功報芝龍書，略言就撫後，願得浙東、嶺南地駐兵。清泰疏上聞，
並論成功語浮誇，議撫當詳愼，上嘉其遠慮。……十八年，聖祖即
位，起秘書院學士，授河南總督。〔註5〕
陝西總督由山西巡撫白如梅出任。

撫軍，三韓世家也。順治丙申，以從龍舊人，特簡巡撫三晉。……大
寇李虎負嵎拒命，佐以蘇喬健點，屢勦不能平。公方進固關，約諸將
曰：「賊以我新至，必易而備，稱其不意，成擒矣。」授方略去。檄
諭解散脅從，不二旬次第就禽，獲甲器馬騾無算。……其接士紳以禮，
節屬吏以寬，御將士以恩，卹煢獨以惠，即今去晉數年，思之無不流

〔註3〕　見《清史稿》257〈趙國祚〉，頁9803～9804之記載。
〔註4〕　見《清史稿》234〈祖澤溥〉，頁9419～9428之記載。
〔註5〕　見《清史稿》240〈劉清泰〉，頁9541～9542之記載。

涕者，人以亭山擬峴矣。公諱如梅，號茂韓，瀋陽人。〔註6〕

福建總督仍由李率泰擔任。

> 李率泰，字壽疇，漢軍正藍旗人，永芳子。初名延齡，年十二，入
> 侍太祖，賜今名。年十六，以宗室女妻之。弱冠，從太宗征察哈爾、
> 朝鮮及明錦州，又從貝勒阿巴泰征山東，並有功，洊擢梅勒額真。
> 順治元年，命以刑部參政兼任，率師駐防錦州。……十三年，加太
> 子太保，調閩浙總督。率泰有方略，善用兵，與士卒同甘苦。……
> 十五年，成功攻溫州，陷平陽、瑞安，率泰調江寧滿洲兵助剿，成
> 功敗走。是年，詔分閩浙總督爲二：以都統趙國祚督浙江，駐溫州；
> 而以率泰專督福建，駐福州。〔註7〕

浙江總督由雲貴總督趙廷臣調任。

> 趙廷臣，字君鄰，漢軍鑲黃旗人。順治二年，自貢生授江蘇山陽知
> 縣，遷江寧同知，有政聲。……十六年，擢雲貴總督。土寇馮天裕
> 陷湄潭，犯甕安，調兵擊卻之。疏請改馬乃、曹滴諸土司爲流官。
> 又言：「貴州曩被寇，改衛爲府，改所爲縣，法令紛更，民苦重役，
> 今應復舊制。雲南田土荒蕪，當招民開墾。衝路州縣，請以順治十
> 七年秋糧貸爲春種資。」並下部議行。吳三桂貢象五，世祖命免送
> 京，廷臣因乞概停邊貢，允之。十八年，以平土酋龍兆吉功，加兵
> 部尚書。是年調浙江。〔註8〕

江西總督由江西巡撫張朝璘陞任。

> 張朝璘，漢軍正藍旗人。父士彥，仕明爲廣寧巡撫中軍官。天命七
> 年，太祖高皇帝兵臨廣寧，明巡撫王化貞等遁去，將士爭隨入關，
> 獨士彥留城中，大兵至，即來歸。天聰八年，授三等甲喇章京，是
> 年乞休，以朝璘承襲。崇德八年，隨奉命大將軍饒餘、貝勒阿巴泰
> 征明，至山東，次膠州城，遇楊都司兵，朝璘與吳納機擊敗之。九
> 月，隨鄭親王濟爾哈朗等攻明中後所及前屯衛二城，以本甲喇紅衣
> 礮克之。順治元年，敘功加世職爲二等甲喇章京，旋補戶部理事官。
> 二年，隨定國大將軍豫親王多鐸等平河南、江南；與吉山擊敗僞總

〔註6〕 見《碑傳集》61〈白如梅〉，頁1747～1748之記載。
〔註7〕 見《清史稿》273〈李率泰〉，頁10027～10029之記載。
〔註8〕 見《清史稿》273〈趙廷臣〉，頁10030～10031之記載。

兵黃蜚等。……六年，隨睿王多爾袞討叛鎮姜瓖于大同，復渾源州左衛及朔、汾、太谷等州縣，皆督放紅衣礮有功。是年，以考滿稱職，陞一等阿達哈哈番。七年，遇恩詔，加一拖沙喇哈番。八年，敘江南、湖南、山西功，加世職爲三等阿思哈尼哈番。九年，兩遇恩詔，加至一等阿思哈尼哈番。十年六月，授左副都御史。十三年四月，陞戶部侍郎。閏五月，授江西巡撫。……十八年，陞江西總督。〔註9〕

湖廣總督由原湖廣總督張長庚留任。

張長庚，漢軍鑲黃旗人。任侍講學士。順治十一年，授國史院學士；十三年，任湖廣巡撫；十六年，加太子太保。十七年四月，仍以兵部尚書、右副都御史授湖廣總督。〔註10〕

四川總督由川陝總督李國英擔任。

李國英，漢軍正紅旗人。順治三年隨肅親王取蜀，殲流寇張獻忠。大兵凱旋，留國英以總兵官鎮保、順間，勦平餘賊，尋擢四川巡撫事。六年，勦安、縣流寇餘黨，擒斬賊將解應甲等，晉兵部右侍郎，尋加兵部尚書銜。八年，巡撫王遵坦卒，世祖命國英以都御史任巡撫，治兵閬中。劉文繡引眾來逼，漢、沔震動，國英舉兵破之。僞桂王遣僞都督魏勇來犯順、慶，國英偕川北總兵盧光祖擊破之。……旋加太子太保，授兵部尚書，總督陝西三邊、四川軍務，兼籌荊、襄。康熙元年，奉詔帥湖廣、陝西、河南、四川四省兵會勦茅麓山賊李來亨、袁宗第等。〔註11〕

廣東總督由兩廣總督李棲鳳擔任。

少保李姓，名棲鳳，字瑞梧，武威人，明四川總兵官太保李維新長子。維新官薊遼時生少保於廣甯，遂籍廣甯。……順治十一年，粵東、西始開制府，以李率泰典軍事，而禮樂刑政專倚棲鳳理。棲鳳曰：「宰久甯之國以禮，治初定之邦以法。」故其治民，必揃除凶猾，而無鍥薄酷政之制。十四年，秩滿，晉兵部尚書，賜內府錦繒皆有副。十五年，率泰遷浙閩總督去，以棲鳳代其官。棲鳳以粵西潯、

〔註9〕　見《碑傳集》62〈張朝璘〉，頁 1753～1754 之記載。
〔註10〕　見《清史列傳》7〈張長庚〉。
〔註11〕　見《碑傳集》62〈李國英〉，頁 1750～1751 之記載。

南兩郡未靖，粵東寇盜根株不能痛斷，召梧、柳、高、廉四鎮責戰，不則如律。四鎮懼，分北東西三路，大戰十六，潯、南平。……十七年，加太子少保。十八年，分設廣西、廣東總督，少保改廣東。〔註12〕

廣西總督由廣西巡撫于時躍陞任。

于時躍，漢軍正白旗人，初籍廣寧。順治二年，以諸生授安徽合肥知縣。尋遷河南懷慶知府。四年，擢河南道。靈寶、盧氏二縣寇發，時躍與副將寇徽音、游擊孔國養等入山補治，破其寨，斬寇渠劉芳、張進澤、張三桂等，寇乃平。……十二年，超擢廣西巡撫。明宗人盛濃、盛添據富川，結土寇王心、蔣乾相等，勾集瑤、獞，窺旁近郡縣。時躍會提督線國安、總兵全節討平之。……時躍親督兵補治，所陷城邑次第克復，敘加都察院副都御史。十八年，擢廣西總督。〔註13〕

雲南總督由貴州巡撫卞三元陞任。

卞三元，漢軍鑲紅旗人，舉人出身。順治十六年正月十一日癸卯，由山西按察使陞貴州巡撫；順治十八年九月十一日丁亥，陞雲南總督。〔註14〕

貴州總督由甘肅巡撫佟延年陞任。

佟延年，漢軍正藍旗人，監生。順治十三年七月十二日戊午，由河南左布政使陞甘肅巡撫；順治十八年十月初二日戊申，陞貴州總督。〔註15〕

二、乾隆十三年的滿洲總督與綠營統領

乾隆十三年十一月，十二個總督，其中除雲貴總督張允隨爲漢軍旗外，其餘十一個總督皆爲滿洲八旗官員。

直隸總督由那蘇圖留任，並兼任直隸河道總督。

那蘇圖，戴佳氏，字義文，滿洲鑲黃旗人。康熙五十年，襲拖沙喇

〔註12〕見《碑傳集》61，節錄：潘挹奎的〈李少保棲鳳傳〉與魯曾煜的〈兩廣總督李公傳〉二文中相關史料記載。
〔註13〕見《清史稿》240〈于時躍〉，頁9538～9539之記載。
〔註14〕見《清史列傳》7〈卞三元〉。
〔註15〕見《清聖祖仁皇帝實錄》，順治十八年十月初二日戊申條之記載。

哈番世職，授藍翎侍衛。雍正初，四遷兵部侍郎。四年，出爲黑龍江將軍。八年，調奉天將軍。乾隆元年，擢兵部尚書。二年，調刑部，授兩江總督。……五年，授刑部尚書。旋出署湖廣總督。六年，調兩江。七年，調閩浙。疏裁閩省鹽場浮費。……九年，疏言：「臺灣孤懸海外，漳、泉、潮、惠流民聚居，巡臺御史熊學鵬議令開荒。臣思曠土久封，遽行召墾，恐匪徒滋事，已令中止。」報聞。旋調兩廣。……十三年，加太子太保，授領侍衛內大臣，仍留總督任。那蘇圖請赴金川軍前佐班第治事，上不許。十四年，命暫署河道總督。〔註16〕

兩江總督由江蘇巡撫雅爾哈善署。

覺羅雅爾哈善，字蔚文，滿洲正紅旗人。雍正三年繙譯舉人，自內閣中書四遷。乾隆三年，授通政使。……十三年，以福建按察使署江蘇巡撫。上元民燬制錢，雅爾哈善論如律，復以數少乞原，上責其寬縱，命奪職留任。，……十九年，復入爲戶部侍郎，命軍機處行走，旋授兵部侍郎。二十年，師討阿睦爾撒納，授參贊大臣，出北路。二十一年，命改赴西路，令駐巴里坤辦事。……二十三年二月，命爲靖逆將軍，帥師討霍集占。〔註17〕

陝甘總督由原兩廣總督、戶部尚書協辦大學士尹濟善出任。

公諱繼善，字元長，晚自號望山，滿洲鑲黃旗人，世居遼東。父泰，罷祭酒家居。世宗爲藩王，祭長白山，召與語，悅之。問「有子仕乎？」曰「第五子繼善舉京兆。」曰：「當令見我。」及公試禮部，將謁雍邸，而聖祖崩，世宗即皇帝位，乃中止。公亦登雍正元年進士。……當是時，廣東總督孔毓珣與巡撫楊文乾不相中，肇高廉道王士俊者，楊所薦也，伺楊入覲，劾王下獄。公承命往鞫，得其情。世宗深嘉之。未復命，授廣東按察使，甫抵任，遷副總河。未半年，遷江蘇巡撫，仍兼河務事。時雍正六年也。……公既到滇，知前督高其倬雖受譴，而老成有識，乃虛己諮詢。高亦感公意，備告款要。遂率總兵楊國華、董芳等分路進兵破之，擒其魁老常小等。元江平。今上登極之二年，補刑部尚書。四年，教習庶吉士。五年，總督川陝。八年，江南災，

〔註16〕見《清史稿》卷308〈那蘇圖〉，頁10565～10567之記載。
〔註17〕見《清史稿》卷314〈覺羅雅爾哈善〉，頁10699～10700之記載。

調兩江。十三年，調廣東，不果，補吏部尚書、協辦大學士。金川用
兵，乘傳與忠勇公傅恒詣軍前，授降畢，仍督川陝。〔註18〕

四川總督由原兩江總督策楞改任。

策楞，鈕祜祿氏，滿洲鑲黃旗人，尹德長子。乾隆初，爲御前侍衛。
二年秋，永定河決，上出帑命策楞如盧溝橋賑災民。累遷爲廣州將
軍，授兩廣總督。廣東巡撫託庸劾布政使唐綏祖贓私，下策楞勘讞。
策楞雪綏祖枉，上嘉其秉公。尋加太子少傅，移兩江總督。其弟訥
親承父爵進爲一等公，以征金川失律坐譴。十三年十月，命策楞襲
爵，仍爲二等公，復移川陝總督。旋以川陝轄地廣，析置二督，策
楞專領四川。時大學士傅恆代訥親爲經略，命策楞參贊軍務。傅恆
受金川降，班師行賞，策楞加太子太保。〔註19〕

閩浙總督由喀爾吉善留任。

喀爾吉善，字澹園，伊爾根覺羅氏，滿洲正黃旗人。先世居瓦爾喀，
有赫臣者，當太祖創業時來歸，授牛彔額眞。使葉赫，葉赫部長金
台石使人戕之。太祖滅葉赫，令其子克宜福手刃其仇以祭。……喀
爾吉善降襲拜他喇布勒哈番，授上駟院員外郎。歷工部郎中，兼襲
世管佐領。……乾隆元年，起廢籍，命管圓明園八旗兵丁。……十
一年，遷閩浙總督。臺灣生番爲亂，遣兵討之。奏言：「臺灣流民日
多，匪類肆竊，甚或恣行不法，民間謂之羅棍。請令竊案再犯及羅
棍治罪後，並逐回內地。」又請在臺人民迎取眷屬，限一年給照過
臺。……十五年，加兵部尚書銜。〔註20〕

湖廣總督由福州將軍新柱改任。

新柱，滿洲鑲黃旗人。任鑲白旗滿洲都統。乾隆八年，授福州將軍。
乾隆十三年閏七月，調湖廣總督。乾隆十四年十二月起，歷吉林將
軍、荊州將軍，復任福州將軍。乾隆二十四年，改正藍旗蒙古都統。
乾隆二十五年，任葉爾羌辦事大臣。乾隆二十七年九月，授理藩院
尚書。乾隆二十九年，改西安將軍。乾隆三十年，復授理藩院尚書。

〔註18〕見《碑傳集》卷27，袁枚，〈文華殿大學士尹文端公繼善神道碑〉，頁892～894
之記載。
〔註19〕見《清史稿》卷314〈策楞〉，頁10689之記載。
〔註20〕見《清史稿》卷309〈喀爾吉善〉，頁10597～10599之記載。

乾隆三十二年，調盛京將軍。乾隆三十三年正月卒。諡勤肅。〔註21〕
兩廣總督由河南巡撫碩色陞任。

　　碩色，字靜庵，滿洲正黃旗人，烏雅氏。生於康熙二十六年五月二
十一日。任戶部員外郎。雍正五年，授陝西按察使遷陝西布政使。
　　雍正十一年起，任陝西巡撫；歷四川、山東、四川、河南巡撫。乾
隆十三年十月，陞兩廣總督。乾隆十五年正月，調雲貴總督。乾隆
十九年，加太子少保。乾隆二十年六月，調湖廣總督。〔註22〕

漕運總督由蘊著留任。

　　蘊著，宗室。康熙三十八年生，四十七年襲三等奉國將軍。曾任內
閣侍讀學士。乾隆十年以通政使改盛京工部侍郎、盛京戶部侍郎。
乾隆十二年五月，調兵部侍郎；同年九月，授漕運總督。乾隆十四
年四月，以受賄革職，皇帝寬恕授副都統。乾隆二十三年，授涼州
將軍，改綏遠城將軍。乾隆三十年十二月，遷工部尚書；乾隆三十
二年，解職。乾隆三十七年，襲顯親王，復號肅親王。乾隆四十三
年四月卒，年八十。諡曰「勤」。〔註23〕

江南河道總督由大學士高斌兼管。

　　高斌，字右文，高佳氏，滿洲鑲黃旗人，初隸內務府。雍正元年，
授內務府主事。再遷郎中，管蘇州織造。六年，授廣東布政使，調
浙江、江蘇、河南諸省。九年，遷河東副總河。十年，調兩淮鹽政，
兼署江南織造。十一年，署江南河道總督。十二年，回鹽政任。復
署河道總督，培范公隄六萬四千餘丈。十三年，回鹽政任。旋授江
南河道總督。乾隆元年，疏請河工搶修工段需用土方，令河兵挑運
十之四，用民工十之六。……十年三月，加太子太保。五月，授吏
部尚書，仍管直隸水利、河道工程。十二月，命協辦大學士、軍機
處行走。……十三年，命偕左都御史劉統勳如山東治賑。又命偕總
督顧琮如浙江按巡撫常安婪賄狀，高斌等頗不欲窮治。上又遣大學
士訥親往按，責高斌模稜，下吏議，奪官，命留任。閏七月，周學

〔註21〕　見《滿名臣傳》39〈新柱〉，頁4799～4810之記載。
〔註22〕　見《滿名臣傳》46〈碩色〉，頁5587～5607之記載。
〔註23〕　見《清高宗純皇帝實錄》，乾隆十二年九月二十五日壬子條及乾隆十四年四月
　　　　十八日乙未條之記載。

健得罪，命兼管江南河道總督。〔註24〕

河東河道總督由浙江巡撫顧琮陞任。

> 顧琮，字用方，伊爾根覺羅氏，滿洲鑲黃旗人，尚書顧八代孫。父
> 顧儼，歷官副都統。顧琮，以監生錄入算學館，修算法諸書，書成
> 議敘。康熙六十一年，授吏部員外郎。雍正三年，授戶部郎中，遷
> 御史。……乾隆元年，署江蘇巡撫。丁父憂回旗。二年，命協辦吏
> 部尚書事。永定河決，命偕總督李衛督修。旋署河道總督。……十
> 一年，署江南河道總督。十二年，命偕大學士高斌按浙江巡撫常安
> 貪婪狀。坐未窮治，奪官，命留任。尋調河東河道總督。〔註25〕

第二節　防衛體系的核心位置

總督防衛體系，乃明朝設置總督之本意。清承明制，總督設置後期，從
西北陝甘至東南閩浙，形成一個防衛系統。而此防衛體系，乃以督撫為核心，
而非以前另簡大將軍為統帥，形成的征服體系。其關鍵在嘉慶時期，因白蓮
教之亂所引起的體系更新。厥後海疆釁起，經略才望稍爽，權力漸微，粵難
糾紛，首相督師，屢償厥事，朝廷間用督撫董戎，多不辱命猶復不制以文法，
故能需施魄力，自是權又移於督撫。

一、川楚教匪中的滿漢總督防衛體系

嘉慶二年正月，川楚教匪方熾，當時全國十一位總督，有七位滿洲旗人，
三位漢人總督，只有一位漢軍總督。到了嘉慶十一年正月，十一位總督，有
六位滿洲總督，三位漢人總督，一位蒙古總督，一位漢軍總督。

嘉慶二年正月的湖廣總督為畢沅。

> 畢沅，字纕蘅，江南鎮洋人。乾隆十八年舉人，授內閣中書，充軍
> 機處章京。二十五年一甲一名進士，授修撰。再遷庶子。……四十
> 六年，甘肅撒拉爾回蘇十三為亂，沅會西安將軍伍彌泰、提督馬彪
> 發兵討之。事平論功，賜一品頂帶。……六十年，仍授湖廣總督。
> 湖南苗石三保等為亂，命赴荊州、常德督餉，以運輸周妥，賜孔雀

〔註24〕見《清史稿》卷310〈高斌〉，頁10629～10633之記載。
〔註25〕見《清史稿》卷310〈顧琮〉，頁10637～10639之記載。

翎。嘉慶元年，枝江民聶人傑等挾邪教爲亂，破保康、來鳳、竹山，圍襄陽，沅自辰州至枝江捕治。當陽又陷，復移駐荊州，上命解沅總督。旋克當陽，獲亂渠張正謨等，復命沅爲總督如故。……二年，請以提督移辰州，增設總兵駐花園汛。尋報疾作，手足不仁，賜活絡丸。旋卒，贈太子太保。四年，追論沅教匪初起失察貽誤，濫用軍需帑項，奪世職，籍其家。沅以文學起，愛才下士，職事修舉，然不長於治軍，又易爲屬吏所蔽，功名遂不終。〔註26〕

嘉慶二年正月的陝甘總督爲宜緜。

宜緜，初名尚安，鄂濟氏，滿洲正白旗人。由兵部筆帖式充軍機章京，累遷員外郎。從征金川，進郎中。……六十年，授陝甘總督。嘉慶元年，教匪起，湖北、陝西戒嚴。宜緜駐軍商州，令副將百祥剿鄖陽、鄖西賊，克孤山大寨，……是年冬，四川教匪起，由太平入陝境，擾安康、平利、紫陽諸縣，宜緜督軍馳剿。……二年春，攻太平賊於通天觀、高家寨、南津關，連敗之。……五月，達州賊傾巢出犯，有備不得逞。宜緜駐軍大成寨，遣將襲三槐於毛坪，三槐中槍跳免。時襄賊由漢江北渡入陝，署總督陸有仁以罪逮，乃調英善督陝甘，黜惠齡總統，命宜緜代之，兼攝四川總督。……帝以宜緜年老，十月，命勒保總統軍務，宜緜以總督兼理軍需。……三年春，調勒保四川總督，宜緜回任陝甘，駐陝境辦賊。〔註27〕

嘉慶二年五月的陝甘總督曾由英善代辦。

英善，薩哈爾察氏，滿洲鑲黃旗人。由親軍補侍衛處筆帖式，累遷刑部郎中。改御史，除甘肅蘭州道，……嘉慶元年，調廣東。旋召授刑部侍郎，而四川教匪起，仍留攝總督。……英善率兵五百馳剿，復調成都駐防兵，副都統勒禮善、佛住率以往，連破賊巢，擒賊目何三元等。賊竄橫子山，據險負嵎，遣總兵袁國璜、何元卿分路進攻，……二年二月，宜緜至，英善連破賊於貫子山、羅江口，通周家河運路；偕宜緜克張家觀，復東鄉。五月，命赴甘肅攝總督。〔註28〕

嘉慶二年正月的四川總督爲福寧。

〔註26〕　見《清史稿》332〈畢沅〉，頁10976～10978之記載。
〔註27〕　見《清史稿》345〈宜緜〉，頁11168～11172之記載。
〔註28〕　見《清史稿》345〈英善〉，頁11172～11173之記載。

福寧，伊爾根覺羅氏。初隸貝子永固包衣。由兵部筆帖式洊擢工部郎中。乾隆三十三年，出爲甘肅平慶道，累遷陝西布政使。五十五年，擢湖北巡撫，抬入鑲藍旗滿洲。……嘉慶元年，湖北教匪攻來鳳甚急，福寧馳抵龍山，擊敗之。賊屯旗鼓寨，偕四川總督孫士毅合剿，士毅卒於軍，福寧代之。偕將軍觀成、總兵諸神保進攻，破其寨，……二年，命額勒登保移師黃柏山，福寧以兵隸之。〔註29〕

嘉慶元年六月的湖廣總督曾由永保署理。

永保，費莫氏，滿洲鑲紅旗人，勒保之弟也。以官學生考授內閣中書，充軍機章京，遷侍讀。乾隆三十一年，父溫福征金川，永保齎送定邊將軍印，遂隨軍。……六十年，調烏魯木齊都統。嘉慶元年春，湖北教匪起，永保奉詔入京，行抵西安，命偕將軍恆瑞率駐防兵二千，調陝西、廣西、山東兵五千會剿。三月，至湖北，總督畢沅疏陳各路剿殺不下數萬，而賊起益熾。……先是命署湖廣總督，及畢沅復當陽，永保請寢前命，允之。〔註30〕

嘉慶二年九月，勒保由雲貴總督改調湖廣總督。

勒保，字宜軒，費莫氏，滿洲鑲紅旗人，大學士溫福子。由中書科筆帖式充軍機章京。乾隆三十四年，出爲歸化城理事同知。……未至，而湖北教匪熾，蔓延川、陝。林之華、覃加耀踞長陽黃柏山，福寧攻之不克，勒保往會剿，嘉慶二年春，連戰敗之。……九月，調湖廣總督。時川、楚賊氛愈熾，立青、黃、藍、白、線等號，又設掌櫃、元帥、先鋒、總兵等僞稱。先命永保總統諸軍，易以惠齡，又易以宜緜，皆不辦；至是宜緜薦勒保以自代，允之。三年正月，至四川梁山，賊曾柳起石壩山，而白號王三槐、青號徐天德、藍號林亮工諸賊聚開縣。勒保先破石壩山，斬曾柳，詔嘉爲入川第一功。調授四川總督。……仁宗以前此諸軍事權不一，特授勒保經略大臣，節制川、楚、陝、甘、豫五省軍務，明亮、額勒登保爲參贊。……勒保能得軍心，而八旗兵素驕，稍裁抑之，遂騰蜚語，……十年，入覲，詔曰：「自嘉慶四年，勒保在川省令鄉民分結寨落，匪始無由焚劫，且助官軍擊賊。其後陝、楚仿行，賊勢乃 促。今三省閭閻安

〔註29〕 見《清史稿》345〈福寧〉，頁 11174～11175 之記載。
〔註30〕 見《清史稿》345〈永保〉，頁 11163～11164 之記載。

堵，實得力此策為多。歷太子太保、雙眼花翎，回鎮四川，與民休息。」時解散鄉勇，令入伍為兵。〔註31〕

嘉慶三年三月，景安由河南巡撫陞湖廣總督。

景安，鈕祜祿氏，滿洲鑲紅旗人，和珅族孫也。由官學生授內閣中書，洊擢戶部郎中。……六十年，授河南巡撫。嘉慶元年，湖北教匪北犯，景庵駐軍南陽，以籌濟恆瑞軍餉，加太子少保。……景安頓兵內鄉，賊入陝後二十餘日，始追至盧氏，賊尤輕之，號為「迎送伯」。三年春，擢湖廣總督。四月，率師次荊門州，劉成棟來犯，與布政使高杞分路擊走之。……時仁宗初親政，以景安堵剿不力，撫治失當，解職，命治四川軍需。〔註32〕

嘉慶四年二月，松筠由戶部尚書授陝甘總督。

松筠，字相浦，瑪拉特氏，蒙古正藍旗人。繙譯生員，考授理藩院筆帖式，充軍機章京，能任事，為高宗所知。累遷銀庫員外郎。乾隆四十八年，超擢內閣學士，兼副都統。五十年，命往庫倫治俄羅斯貿易事。……五十七年，召俄官會議定約，親蒞俄帳宴飲，諭以恩信，大悅服。事歷八年然後定。召還京，授御前侍衛、內務府大臣、軍機大臣。命護送英吉利貢使回廣東，凡所要索皆嚴拒。五十九年，署吉林將軍。尋命往荊州察稅務，道出衛輝，大水環城，率守令開倉賑卹。詔嘉獎，授工部尚書兼都統。充駐藏大臣，撫番多惠政。和珅用事，松筠不為屈，遂久留邊地，在藏凡五年。嘉慶四年春，召為戶部尚書。尋授陝甘總督，加太子太保。時教匪張漢潮及藍號、白號諸黨擾陝、甘。松筠至，駐漢中，治糧餉給諸軍。自軍興，給陝西餉銀一千一百萬兩，至是續撥一百五十萬，設局清釐，按旬咨部。命陳諸將優劣，密疏言：「明亮知兵而罔實效；恆瑞前戰湖北功最，年近六旬，精力大減；慶成有勇無謀；永保無謀無勇，不能治兵，並不能治民；惟額勒登保、德楞泰能辦賊。」仁宗深嘉納之。〔註33〕

嘉慶四年正月，恆瑞以西安將軍署陝甘總督。

〔註31〕　見《清史稿》344〈勒保〉，頁11139～11146之記載。
〔註32〕　見《清史稿》345〈景安〉，頁11175～11176之記載。
〔註33〕　見《清史稿》342〈松筠〉，頁11113～11114之記載。

恆瑞，宗室，隸正白旗，吉林將軍薩喇善子。乾隆中，授侍衛，赴西藏辦事，擢熱河都統，遷福州將軍。五十二年，臺灣林爽文作亂，命率駐防兵往剿，參贊軍務，……調西安。嘉慶元年，命率駐防兵三千，偕都統永保會剿湖北教匪。……四年，署陝甘總督，赴寧羌擊藍、白兩號賊。張應祥等竄秦州、兩當，又擊走張漢潮、冉學勝股匪。五月，解署任，剿白號賊於白馬關，……恆瑞自教匪起，久在行間，以偏師數臨大敵，至是老病，久無顯功。帝慮其不任戰，詢額勒登保，上其狀，命回鎮西安。〔註34〕

嘉慶五年十月，書麟由雲貴總督調湖廣總督。

書麟，字紱齋，高佳氏，滿洲鑲黃旗人，大學士高晉子。初授鑾儀衛整儀尉，累遷冠軍使，擢西安副都統。乾隆三十八年，大軍征金川，命為領隊大臣，從參贊大臣豐昇額，力戰輒先登，克堅碉數十，功最。……嘉慶四年，和珅敗，召授吏部尚書，兼正紅旗漢軍都統，加太子少保。尋協辦大學士，授閩浙總督。……五年，調湖廣，督師剿襄陽青、藍、黃三號教匪。會長齡等已敗賊瓦房口，書麟以東川、保豐為糧運要路，親往截剿。帝念其年逾七旬，奔馳山谷間，賊情詭詐，戒毋冒險輕試。六年，由竹山、房縣進剿徐天德，擒斬甚眾。疏言：「剿賊之法，以固民心、培民氣為要。撫輯得宜，賊即是民；任其失所，民即是賊。」帝俞之。〔註35〕

嘉慶五年正月，覺羅長麟由閩浙總督調陝甘總督。

覺羅長麟，字牧庵，隸正藍旗。乾隆四十年進士，授刑部主事。……嘉慶四年，授雲貴總督，調閩浙。五年，調陝甘。時教匪未靖，勸民築堡團練，令川、陝、豫、楚交界處，一體仿行，募精壯難民入伍。督師敗伍金柱餘唐家河，又擊於傅家鎮。將軍富成來援，戰歿。復偕固原提督慶成擊賊於沔陽乾溝河。六年，迭敗高天德、馬學禮於鐵鑪川、舊州鋪、鋼廠、武關，擒襄陽賊首馬應祥，詔嘉獎。〔註36〕

嘉慶六年十一月，惠齡由山東巡撫陞陝甘總督。

惠齡，字椿亭，薩爾圖克氏，蒙古正白旗人。父納延泰，乾隆中，

〔註34〕見《清史稿》346〈恆瑞〉，頁11181～11184之記載。
〔註35〕見《清史稿》343〈書麟〉，頁11125～11127之記載。
〔註36〕見《清史稿》343〈覺羅長麟〉，頁11129～11130之記載。

官理藩院尚書、軍機大臣,加太子少保。因喀爾喀台吉沁多爾濟規避軍事,不劾奏,罷職。復起用,終於理藩院侍郎。惠齡由繙譯官補戶部筆帖式,充軍機章京。……苗疆用兵,留署湖北巡撫,治糧餉。嘉慶元年正月,教匪轟傑人、張正謨等倡亂於枝江、宜都,率師往剿,……六年,擢陝甘總督,專剿南山餘匪。復以剿賊遲緩,降二品頂戴。七年,教匪平,復頭品頂戴、花翎。〔註37〕

嘉慶六年四月,吳熊光由河南巡撫陞湖廣總督。

吳熊光,字槐江,江蘇昭文人。舉順天鄉試,乾隆三十七年,登中正榜,授內閣中書,充軍機章京。……六年,擢湖廣總督。途遇協防陝西兵二百餘人,逃回本營,廉得其缺餉狀,杖首謀者二人,餘釋不問。房縣鄉勇糾搶民寨,縛送三十餘人,立誅之。提督長齡、巡撫全保率師防剿,迭敗湯思蛟、劉朝選等。川匪擾興山、竹谿、房縣,分兵追剿,殲獲甚眾。平樊人傑餘匪,俘賊首崔宗和。上以熊光調度供支,迭詔襃獎。新設湖北提督,改移鄖陽鎮協,添兵三千五百名,即以無業鄉勇充之。又奏定稽查寨勇章程,略言:「寨勇習於戰鬥,輕視官兵,流弊不可不慮。今將寨堡戶口、器械逐一登記,陽資其力以助此日之軍威,默挈其綱以弭將來之民患。」上韙其言。七年,三省匪平,加太子少保。遣撤鄉勇,以叛產變價給賞,詔嘉其撙節。〔註38〕

川楚教匪從嘉慶元年到嘉慶七年,在湖廣、四川、陝甘三處總督轄區作亂竄逃,歷任湖廣總督有畢沅、永保(署)、勒保、景安、倭什布、姜晟、書麟、吳熊光;四川總督有孫士毅(署)、福寧、宜緜(兼辦)、勒保、魁倫;陝甘總督有宜緜、陸有仁(代辦、署)、英善(攝、代辦、總統軍務)、恆瑞(署)、松筠、長麟、惠齡。以上共有十七人,其中滿洲十人,漢人五人,蒙古二人。這可以看出川楚教匪的國家防衛體系係以滿洲總督為核心,這也是乾隆重滿洲的一種表現與實現。

二、太平天國之亂中的漢人總督防衛體系的確立

太平天國之亂從咸豐二年至同治三年,在湖廣、兩江、閩浙三處總督轄

〔註37〕 見《清史稿》345〈惠齡〉,頁 11166～11168 之記載。
〔註38〕 見《清史稿》357〈吳熊光〉,頁 11321～11323 之記載。

區作亂發展，歷任湖廣總督有徐廣縉、張亮基（署）、吳文鎔、台湧、楊霈、官文；兩江總督有陸建瀛、祥厚（署）、楊文定（署）、怡良、何桂清、徐有壬（兼署）、薛煥（暫署）、曾國藩；閩浙總督有有鳳（兼署）、慧成、王懿德、慶端、耆齡、左宗棠。以上共二十人，其中滿洲八人，漢軍一人，漢人十一人。這可以看出太平天國之亂中，國家防衛體系係由綠營轉向團勇而以漢人總督爲主體，這也是總督晚期體系的最後轉變。

> 論曰：粵匪之起也，始由疆臣玩誤，繼復將帥不和。李星沅、周天爵皆素以忠勤著，文宗採時譽而付以重任，於軍事皆不得要領。〔註39〕

道光二十八年六月至咸豐二年九月的兩廣總督爲徐廣縉。

> 徐廣縉，字仲升，河南鹿邑人。嘉慶二十五年進士，選庶吉士，授編修，遷御史。道光十三年，出爲陝西榆林知府，……二十八年，擢兩廣總督，兼通商大臣。……三十年，……時兩廣盜賊蜂起，以廣西金田洪秀全爲最悍。巡撫鄭祖琛柔弱縱賊，廣縉疏劾其養癰貽患，罷之。廣東韶州、廉州匪亦蔓延，廣縉遣軍扼梧州、肇慶。詔廣縉赴廣西剿辦，尋起林則徐督師，命廣縉剿捕廣東游匪。咸豐元年，出駐高州。……二年春，乘勝進攻羅鏡圩，擒凌十八。捷聞，加太子太保。命馳赴梧州，而洪秀全大股已犯桂林，竄入湖南。賽尚阿以罪黜，授廣縉欽差大臣，署理湖廣總督。十月，至衡州，賊攻長沙甚急，駱秉章、張亮基力守，屢挫賊，乃下竄岳州。廣縉始抵長沙。未幾，岳州亦陷，直犯武昌。廣縉進駐岳州，而漢陽、武昌相繼陷。詔斥廣縉遷延不進，調度失機，株守岳州，擁兵自衛，褫職逮問。〔註40〕

咸豐三年八月至咸豐四年二月的湖廣總督爲吳文鎔。

> 吳文鎔，字甄甫，江蘇儀徵人。嘉慶二十四年進士，選庶吉士，授編修。屢膺文衡，稱得士。六遷爲翰林院侍讀學士。……道光十九年，出爲福建巡撫。……擢雲貴總督。咸豐元年，入覲，文宗甚重之，嘉其忠誠勇於任事，勗以察情僞，惜身體，文鎔益感奮。……粵匪日熾，文鎔疏論提督向榮冒功託病，恐誤軍事，詔選將才，奏保游擊巴楊阿等九人。貴州黎平知府胡林翼治團練剿土匪，令得便

〔註39〕見《清史稿》393〈論曰〉，頁11759之記載。
〔註40〕見《清史稿》394〈徐廣縉〉，頁11761～11763之記載。

宜從事，疏薦之。江忠源在廣西軍中，文鎔致書曰：「永安賊不滅，若竄湖南，不可制矣！」二年，調閩浙總督，未行，而粵匪果由湖南北竄，破武昌。三年春，遂踞江寧，東南大震。……尋調湖廣總督。粵匪方自下游上竄，連陷黃州、漢陽。文鎔九月抵任，是日田家鎮諸軍失利，武昌戒嚴，城畫閉，居民一夕數驚。巡撫崇綸欲移營城外爲自脫計，文鎔誓與城存亡，約死守待援，議不合。……文鎔方調胡林翼率黔勇來會剿，又約曾國藩水師夾攻，擬俟兩軍至大舉滅賊。……賊復大至，文鎔揮軍力戰，後營火起，眾潰，投塘水死之。崇綸奏稱失蹤，署總督台湧至，乃得實以聞。詔依總督陣亡例賜卹。……文鎔籌置之難，爲崇綸傾陷牽掣，以至於敗，且諱死狀，欲以誣之。文宗震怒，逮崇綸治罪，文鎔志節乃大白。同治中，湖北請建專祠。〔註41〕

有關督撫同城問題

論曰：吳文鎔由卿貳出膺疆寄，凡十餘年，風采嚴峻，時推其治行亞於林則徐。……國家於嚴疆要地，督撫同駐，豈非以資鈐制，備不虞哉！然推諉牽掣，因之而生，甚且傾軋成釁，貽禍封疆。楚、滇覆轍，蓋其昭著者也。至光緒中，其制始改焉。〔註42〕

道光二十九年四月至咸豐三年正月的兩江總督爲陸建瀛。

陸建瀛，字立夫，湖北沔陽人。道光二年進士，選庶吉士，授編修，直上書房，洊遷中允。……二十九年，廷臣會議南漕改折，建瀛與總督李星沅極言其窒礙，事遂不行。擢兩江總督。……咸豐元年，河決豐北，命建瀛往勘，奏請以工代賑，偕南河總督楊以增督工。二年，以盛漲停工，降四品頂戴。是年秋，粵匪洪秀全犯湖南，越洞庭而北，勢張甚。建瀛猶在豐工，疏上戰守事宜，文宗嘉之，諭以審度軍情，如需親往，可速籌方略，不遙制。既而漢陽、武昌相繼陷。十二月，復建瀛頭品頂戴，授欽差大臣，督師赴九江扼守。建瀛由工次還江寧，徵調倉猝。三年正月，賊棄武昌，蔽江東下，或謂賊鋒銳難驟當，建瀛尚輕之，檄壽春鎮總兵恩長爲翼長，領標兵二千當前鋒，……上大怒，諭曰：「陸建瀛一戰兵潰，不知收合餘

〔註41〕 見《清史稿》396〈吳文鎔〉，頁 11787～11789 之記載。
〔註42〕 見《清史稿》396〈論曰〉，頁 11793 之記載。

爐，與向榮大軍協力攻擊，……建瀛已革職，交祥厚拿問，解刑部
治罪。」尋籍其家，革其子刑部員外郎鍾漢職。時建瀛收兵乘城，
閱十三日，城破遇害。事聞，詔建瀛尚不失城亡與亡之義，復總督
銜，如例議卹，並還其家產。〔註43〕

咸豐三年正月二十七日壬申，江寧將軍祥厚署兩江總督。

宗室祥厚，隸鑲紅旗，襲騎都尉世職，授鑾儀衛整儀尉。累擢鑲紅
旗蒙古副都統，歷山海關、熊岳、金州副都統。道光二十八年，擢
江寧將軍。咸豐三年正月，粵匪既陷武昌，兩江總督陸建瀛赴上游
督師，祥厚偕江蘇巡撫楊文定留守江寧。賊已蔽江而下，壽春鎮總
兵恩長戰歿，建瀛遽退，文定亦不候旨逕赴鎮江。祥厚偕副都統霍
隆武、提督福珠洪阿、布政使祁宿藻疏言：「督臣藉口江寧喫緊，趕
回布置，……臣等勸速統舟師迎擊，乃督臣晏坐衙齋，三日不覆。
撫臣執意移駐鎮江，挽留不顧，民情加倍驚惶。……雖有旗兵志切
同仇，無如兵力太單。……請飭琦善、陳金綬迅速繞出賊前，協力
堵剿，以固省城根本，維持南北大局。」疏入，詔逮建瀛治罪，命
祥厚兼署總督，與霍隆武、福珠洪阿、祁宿藻悉心防禦，以在籍前
廣西巡撫鄒鳴鶴熟悉賊情，命同籌辦。江寧城周九十六里，合旗、
漢兵僅五千，城外江寧鎮、龍江關、上河分駐鄉勇不及三千，臨時
召募，皆不足恃。……祥厚手刃數賊，身被數十創，死之。事聞，
贈太子太保，予二等輕車都尉世職，諡忠勇。〔註44〕

咸豐三年二月二十二日丁酉，江蘇巡撫楊文定署兩江總督。

楊文定，安徽定遠人。道光十三年進士。由刑部主事洊升郎中，出
為廣東惠潮嘉道，累擢江蘇巡撫。咸豐三年，文定奏江南兵力柔脆，
節經徵調，城內兵單，請濟師，命山東兵二千赴援。未至，奉命守
江寧，聞建瀛兵敗，退守鎮江。江寧陷，賊分黨犯鎮江，副都統文
藝集兵七百守陸路，文定自率艇船八、舢板十二泊江中，賊至不能
禦，鎮江復陷，退江陰，詔革職逮治，論大辟。〔註45〕

咸豐三年二月十八日癸巳，福州將軍怡良調兩江總督。

〔註43〕 見《清史稿》397〈陸建瀛〉，頁 11795～11798 之記載。
〔註44〕 見《清史稿》398〈祥厚〉，頁 11805～11806 之記載。
〔註45〕 見《清史稿》397〈楊文定〉，頁 11798 之記載。

怡良，瓜爾佳氏，滿洲正紅旗人。刑部筆帖式，洊升員外郎。道光八年，出爲廣東高州知府，調廣西南寧。……咸豐二年，起授福州將軍，偕協辦大學士杜受田治山東賑務。三年，授兩江總督。江寧、鎮江已陷，暫駐常州。粵匪方熾，兵事由欽差大臣琦善、向榮主之，分駐大江南北。……五年，粵匪攻金壇，遣總兵傅振邦、虎嵩林會西安將軍福興、漳州鎮總兵張國樑進剿，連捷，解圍。國樑進攻東壩，福興與之不恰，詔怡良密察以聞。奏言：「國樑勇戰，福興所不及，人皆重張輕福。因有芥蒂，請分調以免貽誤。」尋命福興赴江西剿賊。大軍圍江寧，久無功，賊勢益蔓。七年，以病請解，允之。〔註46〕

咸豐七年四月十二日癸巳，何桂清以前浙江巡撫陞署兩江總督，同年六月六日乙卯實授。

何桂清，字根雲，雲南昆明人。道光十五年進士，選庶吉士，授編修。遷贊善，直南書房。……咸豐二年，督江蘇學政。粵匪擾江南，桂清疏陳兵事，劾疆吏巽耎償事，侃侃無所避，文宗奇之。四年，調倉場侍郎，旋授浙江巡撫。自賊踞江寧，東南震動。……會兩江總督怡良解職，文宗以籌餉事重，難其人，大學士彭蘊章薦桂清餉徽軍無缺，可勝任。七年春，命以二品頂戴署兩江總督，尋實授。力薦王有齡，擢任江蘇布政使，專倚餉事。江寧久爲賊窟，總督駐常州，軍事由將軍和春主之，而提督張國樑爲幫辦，前督怡良擔任運饋而已。桂清屢疏陳方略稱旨，諭飭和春和衷商酌。……和春、張國樑退守丹陽。桂清疏陳：「丹陽以上軍務，和春、張國樑主之；常州軍務，臣與張玉良主之。」部署稍定，即進規溧陽，而賊已犯丹陽，國樑死之，和春奔常州，桂清大驚。……桂清至蘇州，巡撫徐有壬拒勿納，疏劾其棄城喪師狀。和春退至無錫，傷殞。桂清託言借外兵，遂之上海。蘇州亦陷，有壬殉之，遺疏再劾桂清，詔褫職逮京治罪。〔註47〕

咸豐十年四月十九日癸未，曾國藩以前兵部侍郎賞尚書銜署理兩江總督。

曾國藩，初名子城，字滌生，湖南湘鄉人。家世農。祖玉屏，始慕嚮學。父麟書，爲縣學生，以孝聞。國藩，道光十八年進士。……咸豐初，廣西兵事起，詔羣臣言得失。奏陳今日急務，首在用人，……

〔註46〕見《清史稿》371〈怡良〉，頁11512之記載。

〔註47〕見《清史稿》397〈何桂清〉，頁11800～11803之記載。

三年，粵寇破江寧，據爲僞都，分黨北犯河南、直隸，天下騷動，而國藩已前奉旨辦團練於長沙。……取明戚繼光遺法，募農民樸實健壯者，朝夕訓練之。將領率用諸生，統眾數不逾五百，號「湘勇」。……一日標兵與湘勇鬨，至闖入國藩行臺。國藩親訴諸巡撫，巡撫漫謝之，不爲理，即日移營城外避標兵。……李秀成大會羣賊建平，分道援江寧，江南大營復潰，常州、蘇州相繼失，咸豐十年閏三月也。左宗棠聞而歎曰：「此勝敗之轉機也！江南諸軍，將寒兵疲久矣。滌而清之，庶幾後來可藉手乎？」或問：「誰可當者？」林翼曰：「朝廷以江南事付曾公，天下不足平也。」於是天子慎選帥，就加國藩兵部尚書銜，署理兩江總督，旋即眞，授欽差大臣。……十一年八月，國荃遂克安慶。捷聞，而文宗崩，林翼亦卒。穆宗即位，太后垂簾聽政，加國藩太子少保銜，命節制江蘇、安徽、江西、浙江四省。國藩惶懼，疏辭，不允，朝有大政，咨而後行。……同治元年，拜協辦大學士，督諸軍進討。〔註48〕

咸豐五年四月二十七日己未，官文由荊州將軍出任湖廣總督。

官文，字秀峰，王佳氏，滿洲正白旗人，先隸內務府正白旗漢軍。由拜唐阿補藍翎侍衛，累擢頭等侍衛。道光二十一年，出爲廣州漢軍副都統，調荊州右翼副都統。粵匪既陷漢陽，將犯荊州。咸豐三年，將軍台湧駐防德安，命官文專統荊州防兵。四年，擢荊州將軍。……五年，總督楊霈師潰德安，漢陽、漢口復陷，德安、隨州繼之，詔褫霈職，授官文湖廣總督。……初，官文由荊州將軍調總督，凡上游荊、宜、襄、鄖諸郡兵事餉事悉主之。林翼以巡撫駐金口，凡下游武、漢、黃、德諸郡兵事餉事悉主之。南北軍各領分地，徵兵調餉，每有違言。武昌既復，林翼威望日起，官文自知不及，思假以爲重，林翼益推誠相結納，於是吏治、財政、軍事悉聽林翼主持，官文畫諾而已。……胡林翼丁母憂，官文疏請留林翼治軍，改爲署理，從之。命官文暫行兼署巡撫，尋以湖廣總督協辦大學士。……（同治三年）六月，克復江寧，曾國藩奏捷，推官文列名疏首。詔嘉官文徵兵籌餉，推賢讓能，接濟東征，不分畛域，錫封一等伯爵。〔註49〕

〔註48〕見《清史稿》405〈曾國藩〉，頁11907～11913之記載。

〔註49〕見《清史稿》388〈官文〉，頁11712～11716之記載。

結　論

　　清代為國史上，君權極盛時期。其統治策略，一切以中央集權、防範、壓制為尚，一切官制皆以中央君主獨權為目的。一切官制，皆以中央君主獨權為目的。總督制度，也是在這目的下，所發展出來的。

　　清代總督為地方上之最高行政首長，不隸屬於六部，而與各部尚書一樣，直接隸屬於皇帝。因知中央各部不能直接指揮各處總督，而總督雖在正式編制上為正二品官職，但因通常總督多有兵部尚書及右都御史之銜，而與部院尚書品級相埒。清中葉以後，且有不少總督帶協辦大學士或殿閣大學士銜，地位之尊崇且超過部院尚書。

　　清代總督實為國家政治需要下，逐漸演變其角色，而終能在政治上取得超過原來地位數倍的位置，尤其清末名義上總督隸屬中央，已有成半獨立狀態之情況，軍事、財政大權，中央均無法過問，連外交上也可不奉廷詔了，實開民初軍閥之濫觴。

參考書目

一、文獻部分

1. 巴泰，《清世祖章皇帝實錄》（台北：臺灣華文書局，1964 年）。

2. 馬齊，《清聖祖仁皇帝實錄》（台北：臺灣華文書局，1964 年）。

3. 鄂爾泰，《清世宗憲皇帝實錄》（台北：臺灣華文書局，1964 年）。

4. 慶桂，《清高宗純皇帝實錄》（台北：臺灣華文書局，1964 年）。

5. 曹振鏞，《清仁宗睿皇帝實錄》（台北：臺灣華文書局，1964 年）。

6. 文慶，《清宣宗成皇帝實錄》（台北：臺灣華文書局，1964 年）。

7. 賈楨，《清文宗顯皇帝實錄》（台北：臺灣華文書局，1964 年）。

8. 寶鋆，《清穆宗毅皇帝實錄》（台北：臺灣華文書局，1964 年）。

9. 世續，《清德宗景皇帝實錄》（台北：臺灣華文書局，1964 年）。

10. 歐家廉，《大清宣統政紀實錄》（台北：臺灣華文書局，1964 年）。

11. 崑岡，《光緒欽定大清會典》（台北：中文書局，1963 年）。

12. 李鴻章，《欽定大清會典事例》（台北：中文書局，1963 年）。

13. 蔣良麒，《東華錄》（台北：文海出版社，1963 年）。

14. 王先謙，《東華續錄》（台北：文海出版社，1963 年）。

15. 朱壽朋，《光緒朝東華錄》（台北：文海出版社，1963 年）。

16. 嵇璜，《清朝通典》（台北：新興書局，1964 年）。

17. 嵇璜，《清朝通志》（台北：新興書局，1964 年）。

18. 嵇璜，《清朝文獻通考》（台北：新興書局，1964 年）。

19. 劉錦藻，《清朝續文獻通考》（台北：新興書局，1964 年）。

20. 趙爾巽，《清史稿》（北京：中華書局，1980 年）。

21. 承啓，《欽定戶部則例》（台北：成文出版社，1968 年）。

22. 錢儀吉，《碑傳集》（台北：明文書局，1985 年）。

23. 嚴懋功，《清代徵獻類編》（台北：臺灣中華書局，1968 年）。

24. 周駿富，《清代傳記叢刊》（台北：明文書局，1985 年）。

25. 魏源，《皇朝經世文編》（台北：國風出版社，1963 年）。

26. 沈惟賢，《皇朝政典類纂》（台北：成文出版社，1969 年）。

27. 賈楨，《咸豐朝籌辦夷務始末》（台北：國風出版社，1963 年）。

28. 寶鋆，《同治朝籌辦夷務始末》（台北：國風出版社，1963 年）。

29. 楊家駱，《洋務運動文獻彙編》（台北：世界書局，1963 年）。

30. 張之洞，《張文襄公全集》（北平：楚學精廬，1937 年）。

二、專書部分

1. 蕭一山，《清代通史》（台北：臺灣商務印書館，1962 年）。

2. 何烈，《清咸同時期的財政》（台北：國立編譯館，1981 年）。

3. 傅宗懋，《清代督撫制度》（台北：國立政治大學政治研究叢刊，1963 年）。

4. 王德昭，《清代科舉制度研究》（香港：中文大學，1982 年）。

5. 錢實甫，《清代職官年表》4 冊（北京：中華書局，1980 年）。

6. 孟森，《清代史》（台北：正中書局，1962 年）。

7. 吳廷燮，《明督撫年表》（北京：中華書局，1982 年）。

8. 佐伯富，《清代雍正朝養廉銀研究》（台北：臺灣商務印書館，1976 年）。

9. 莊吉發，《清代奏摺制度》（台北：國立故宮博物院，1979 年）。

10. 楊啓樵，《雍正帝及其密摺制度研究》（香港：三聯書店，1981 年）。

11. 織田萬，《清國行政法汎論》（台北：華世出版社，1979 年）。

12. 楊樹藩，《中國文官制度史》（台北：黎明文化事業公司，1982 年）。

13. 姚大中，《近代中國的成立》（台北：三民書局，1985 年）。

14. 張君勱，《中國專制君主政制之評議》（台北：弘文館出版社，1986 年）。

15. 汪宗衍，《讀清史稿札記》（台北：弘文館出版社，1986 年）。

16. 王亞南，《中國官僚政治研究》（台北：谷風出版社，1987 年）。

17. 朱沛蓮，《清代的總督與巡撫》（台北：德志出版社，1967 年）。

18. 王宏志，《左宗棠平西北回亂糧餉之籌劃與轉運研究》（台北：正中書局，1972 年）。

19. 王爾敏，《淮軍志》（台北：中華學術著作獎助委員會，1967 年）。

20. 楢木野宣，《清代重要職官の研究》（東京：風間書房，1975 年）。

21. TUNG-TSU CHU，《Local Government in China Under the Ching》（Stanford University Press, California U.S.A, 1978）。

22. PIG-TE HO，《The Ladder of Success in Imperial China》（台北：南天書局，1984 年）。

三、論文部分

1. 傅宗懋，〈清代督撫甄補實象之分析〉收錄於氏著《清制論文集》下冊（台北：臺灣商務印書館，1981 年）。

2. 王家儉，〈晚清地方行政現代化的探討〉刊載於《國立臺灣師範大學歷史學報第八期》（台北：臺灣師範大學，1982 年）。

3. 魏秀梅，〈從量的觀察探討清季督撫的人事遞嬗〉刊載於《中央研究院近代史研究所集刊第 4 期》上冊（台北：中央研究院近代史研究所，1973 年）。

4. 陳捷先，〈論盛清名臣田文鏡之得寵及其原因〉刊載於《故宮文獻季刊第 4 卷第 4 期》（台北：國立故宮博物院，1973 年）。

5. 李守孔，〈李鴻章襄贊湘軍幕府時代之表現〉刊載於《幼獅學誌第 9 卷第 2 期》（台北：幼獅出版社，1970 年）。

6. 李守孔，〈李鴻章遺摺薦袁世凱繼任直隸總督辨〉刊載於《史學集刊第三期》（台北：中國歷史學會，1971 年）。

7. 李守孔，〈李鴻章與同光新政〉刊載於《故宮文獻季刊第 3 卷第 1，2 期》（台北：國立故宮博物院，1971，1972 年）。

8. 王爾敏，〈南北洋大臣之建置及其權力之擴張〉刊載於《大陸雜誌第 20 卷第 5 期》（台北：大陸雜誌出版社，1957 年）。

9. 王爾敏，〈拳變時間之南省自保〉刊載於《大陸雜誌第 25 卷第 3，4 期》（台北：大陸雜誌出版社，1962 年）。

10. 沈乃正，〈清末之督撫集權─中央集權與同署辦公〉刊載於《社會科學第 1 卷第 2 期》（北平：清華大學，1936 年）。

11. 趙中孚，〈清末東三省改制的背景〉刊載於《近代史研究所集刊第 5 期》（台北：中央研究院近代史研究所，1976 年）。

12. 管東貴，〈入關前滿族兵數與人口問題的探討〉刊載於《歷史語言研究所集刊第 40 本第 2 分冊（台北：中央研究院歷史語言研究所，1968 年）。

13. 李光濤，〈清史稿順治朝疆臣表訂誤〉刊載於《歷史語言研究所集刊第 24 本，1953 年）。

14. 莊吉發，〈從鄂爾泰已錄奏摺談「硃批諭旨」的刪改〉刊載於《故宮季刊第 10 卷第 2 期》（台北：國立故宮博物院，1981 年）。

15. 王業鍵,〈清雍正時期的財政改革〉刊載於《歷史語言研究所集刊第 32 本，1961 年）。

16. 劉石吉,〈清季海防與塞防之爭的研究〉刊載於《故宮文獻季刊第 2 卷第 3 期》（台北：國立故宮博物院，1971 年）。

附錄一　總督人名錄

序	名	籍	出　身	時　間	前任	總　督	卸任
1	駱養性	湖北嘉魚	明錦衣衛都指揮使	順治 1.6	左都督	天津	左都督
2	吳孳昌	河南汝寧	明進士	順治 1.7	員外郎	宣大山西	革
3	楊方興	漢軍鑲白	明諸生	順治 1.7	學士	總河	休
4	李鑑	四川安縣	明進士	順治 2.2	巡撫	宣大山西	巡撫
5	王文奎	漢軍鑲白	明諸生	順治 2.4	巡撫	陝西三邊－淮揚漕運	巡撫
6	孟喬芳	漢軍鑲紅	明副將	順治 2.4	侍郎	陝西三邊	卒
7	張存仁	漢軍鑲藍	明副將	順治 2.7	梅勒額眞	浙江－直隸山東河南	卒
8	馬國柱	漢軍正白	諸生	順治 2.10	巡撫	宣大山西、江南江西河南	病免
9	羅繡錦	漢軍鑲藍	明諸生	順治 2.11	巡撫	湖廣四川	死
10	楊聲遠	漢軍正白	明進士	順治 4.1	巡撫	漕運	革
11	佟養甲	漢軍正藍	內院理事	順治 4.5	總兵官	兩廣	予祭
12	申朝紀	漢軍鑲藍	刑部啓心郎	順治 4.7	巡撫	宣大山西	死
13	吳惟華	直隸順天	明諸生	順治 4.10	侍郎	漕運	革
14	陳錦	漢軍正藍	明都司	順治 4.12	巡撫	浙閩	被刺殺
15	耿焞	漢軍正黃	明貢生	順治 5.3	巡撫	宣大山西	革
16	佟養量	漢軍正藍	來歸	順治 5.12	總兵	宣大山西	解
17	馬光輝	漢軍鑲黃	明武舉	順治 8.10	侍郎	直隸山東河南	病免
18	祖澤遠	漢軍鑲白	投降	順治 9.7	提督	湖廣四川	解
19	劉清泰	漢軍正紅	明諸生	順治 9.9	學士	浙閩－河南	病免
20	洪承疇	漢軍鑲黃	明進士	順治 10.5	大學士	湖廣兩廣雲貴	回院

21	李率泰	漢軍正藍	侍衛	順治 10.6	大學士	兩廣－浙閩－福建	病免
22	金礪	漢軍鑲紅	明武進士	順治 11.1	固山額眞	川陝三邊	休
23	馬鳴佩	漢軍鑲紅	明諸生	順治 11.2	侍郎	宣大山西－江南江西	病免
24	李蔭祖	漢軍正黃	廕生	順治 11.2	侍郎	直隸山東河南－湖廣	病免
25	屯泰	漢軍正藍	章京	順治 11.7	侍郎	浙閩	召京
26	馬之先	漢軍鑲藍	諸生	順治 11.10	巡撫	宣大山西－川陝三邊	死
27	蔡士英	漢軍正白	來降	順治 12.2	巡撫	漕運	病免
28	王國光	漢軍正紅	襲職	順治 13.2	固山額眞	兩廣	病免
29	張懸錫	直隸清苑	明進士	順治 13.5	學士	宣大山西－直隸	降調
30	郎廷佐	漢軍鑲黃	筆帖式	順治 13 閏5	巡撫	江南江西－江南－兩江	病免
31	胡全才	山西文水	明進士	順治 13.10	巡撫	湖廣	死
32	盧崇峻	漢軍鑲黃	官學生	順治 14.1	侍郎	宣大山西－廣東	憂免
33	朱之錫	浙江義烏	進士	順治 14.7	侍郎	總河	死
34	李國英	漢軍正紅	明總兵	順治 14.9	巡撫	川陝三邊－四川	死
35	亢得時	山西太原	學士	順治 14.9	巡撫	漕運	自殺
36	李棲鳳	漢軍鑲紅	明諸生	順治 15.6	巡撫	兩廣－廣東	休
37	趙國祚	漢軍鑲紅	牛彔額眞	順治 15.7	固山額眞	浙江－山東	解
38	趙廷臣	漢軍鑲黃	貢生	順治 16.1	巡撫	雲貴－浙江	死
39	楊茂勳	漢軍鑲紅	廕生	順治 16.12	侍郎	（署）總河	巡撫
40	張長庚	漢軍鑲黃	秘書院編修	順治 17.4	巡撫	湖廣	裁
41	白色純	漢軍鑲白	學士	順治 17.6	學士	（署）總河	學士
42	祖澤溥	漢軍正黃	明左都督	順治 18.10	侍衛	山西－山東	病免
43	白如梅	漢軍鑲白	從龍舊人	順治 18.10	巡撫	陝西－山陝	革
44	張朝璘	漢軍正藍	襲職	順治 18.10	巡撫	江西	裁免
45	于時躍	漢軍正白	諸生	順治 18.10	巡撫	廣西	解
46	卞三元	漢軍鑲紅	舉人	順治 18.10	巡撫	雲南－雲貴	乞養
47	佟延年	漢軍正藍	監生	順治 18.10	巡撫	貴州	休
48	苗澄	直隸任邱	左僉都御史	順治 18.10	僉都御史	（暫署）總河－直隸－四川	副都御史
49	林起龍	順天大興	進士	順治 18.10	巡撫	漕運	降調
50	白秉貞	漢軍鑲白	貢生	康熙 1.2	巡撫	山西	裁免
51	屈盡美	漢軍鑲白	廕生	康熙 2.12	巡撫	廣西	裁免

52	朱昌祚	漢軍鑲白	啟心郎	康熙3.6	巡撫	福建－直隸山東河南	革
53	盧興祖	漢軍鑲白	官學生	康熙4.2	巡撫	廣東－兩廣	解
54	周有德	漢軍鑲紅	貢生	康熙6.12	巡撫	兩廣－四川－雲貴	卒
55	莫洛	滿洲正紅	理事	康熙7.1	副都御史	山陝	尚書
56	劉兆騏	漢軍鑲白	官學生	康熙7.1	巡撫	四川－川湖－浙江	降調
57	麻勒吉	滿洲正黃	進士	康熙7.12	侍郎	兩江	降調
58	甘文焜	漢軍正藍	筆帖式	康熙7.12	巡撫	雲貴	自殺
59	帥顏保	滿洲正黃	學士	康熙8.7	侍郎	漕運	尚書
60	多諾	蒙古鑲黃	參領	康熙8.9	學士	山陝（未任）	侍郎
61	羅多	奉天廣寧	郎中	康熙8.10	侍郎	總河－山陝	降調
62	金光祖	漢軍正白	佐領	康熙9.3	巡撫	兩廣	免
63	蔡毓榮	漢軍正白	佐領	康熙9.4	侍郎	川湖－湖廣－雲貴	侍郎
64	劉斗	直隸清苑	啟心郎	康熙9.4	巡撫	福建	降調
65	王光裕	漢軍鑲紅	舉人	康熙10.2	副都御史	總河	解
66	鄂善	滿洲鑲黃	侍衛	康熙11.4	巡撫	山陝－雲南－雲貴	巡撫
67	范承謨	漢軍鑲黃	進士	康熙11.10	巡撫	福建	被殺
68	李之芳	山東武定	進士	康熙12.6	侍郎	浙江	尚書
69	阿席熙	滿洲鑲紅	筆帖式	康熙12.6	巡撫	兩江	降
70	哈占	滿洲正藍	官學生	康熙12.9	侍郎	陝西－川陝	尚書
71	董衛國	漢軍正白	佐領	康熙13.7	巡撫	江西－湖廣	死
72	郎廷相	漢軍鑲黃	筆帖式	康熙15.7	巡撫	福建	解
73	靳輔	漢軍鑲黃	官學生	康熙16.2	巡撫	總河	解革
74	姚啟聖	漢軍鑲紅	舉人	康熙17.5	布政使	福建	死
75	趙良棟	甘肅寧夏	應募	康熙19.1	提督	雲貴	召京
76	邵甘	滿洲鑲白	舉人	康熙20.5	都捕	漕運	革
77	于成龍	山西永寧	明貢生	康熙20.12	巡撫	兩江	死
78	吳興祚	漢軍正紅	貢生	康熙20.12	巡撫	兩廣	降調
79	施維翰	江蘇華亭	進士	康熙21.11	巡撫	浙江－福建	死
80	禧佛	滿洲鑲白	筆帖式	康熙22.8	左都御史	川陝	尚書
81	王國安	漢軍正白	筆帖式	康熙23.1	巡撫	浙江－福建	侍郎
82	徐國相	奉天襄平	貢生	康熙23.1	巡撫	湖廣	革
83	王新命	漢軍鑲藍	筆帖式	康熙23.5	巡撫	兩江－閩浙－總河	解革
84	徐旭齡	浙江錢塘	進士	康熙23.12	侍郎	漕運	死
85	范承勳	漢軍鑲黃	廕生	康熙25.閏4	巡撫	雲貴	左都御史

86	圖納	滿洲鑲藍	舉人	康熙 25.9	巡撫	川陝	尚書
87	董訥	山東平原	進士	康熙 26.3	左都御史	兩江	降調
88	慕天顏	甘肅靜寧	進士	康熙 26.3	巡撫	漕運	解革
89	葛思泰	滿洲鑲白	筆帖式	康熙 27.2	左都御史	川陝	病免
90	馬世濟	漢軍鑲紅	廕生	康熙 27.3	巡撫	漕運	病免
91	王騭	山東福山	進士	康熙 27.3	巡撫	閩浙	尚書
92	傅拉塔	滿洲鑲黃	筆帖式	康熙 27.4	侍郎	兩江	死
93	丁思孔	漢軍鑲黃	進士	康熙 27.9	巡撫	湖廣－雲貴	死
94	興永朝	漢軍鑲黃	筆帖式	康熙 28.5	巡撫	閩浙－漕運	副都統
95	石琳	漢軍正白	佐領	康熙 28.7	巡撫	兩廣	休
96	佛倫	滿洲正白	筆帖式	康熙 31.10	巡撫	川陝	尚書
97	朱宏祚	山東高唐	舉人	康熙 31.12	巡撫	閩浙	降調
98	王樑	漢軍正黃	舉人	康熙 33.2	巡撫	漕運	解
99	吳琠	山西泌州	進士	康熙 33.4	巡撫	湖廣	左都御史
100	王繼文	漢軍鑲黃	官學生	康熙 33.9	巡撫	雲貴	病免
101	吳赫	滿洲鑲藍	筆帖式	康熙 33.10	巡撫	川陝	解
102	郭世隆	漢軍鑲紅	佐領	康熙 34.2	巡撫	閩浙－兩廣	革
103	董安國	滿洲鑲紅	廕生	康熙 34.7	巡撫	漕運－總河	革
104	桑額	漢軍鑲藍	參領	康熙 34.8	巡撫	漕運	尚書
105	李輝祖	漢軍正黃	佐領	康熙 35.7	巡撫	湖廣	侍郎
106	張鵬翮	四川遂寧	進士	康熙 37.11	尚書	兩江－總河	尚書
107	于成龍	漢軍鑲黃	廕生	康熙 37.11	巡撫	總河	死
108	巴錫	滿洲鑲黃	筆帖式	康熙 37.12	巡撫	雲貴	侍郎
109	陶岱	滿洲正藍	主事	康熙 38.5	侍郎	（署）兩江	侍郎
110	郭琇	山東即墨	進士	康熙 38.6	左都御史	湖廣	革
111	席爾達	滿洲鑲紅	佐領	康熙 38.6	尚書	（署）川陝	尚書
112	阿山	滿洲鑲藍	筆帖式	康熙 39.5	侍郎	兩江	尚書
113	華顯	滿洲正紅	主事	康熙 40.10	巡撫	川陝	死
114	金世榮	漢軍正黃	筆帖式	康熙 41.10	將軍	閩浙	尚書
115	喻成龍	漢軍正藍	廕生	康熙 42.4	巡撫	湖廣	革
116	博霽	滿洲鑲白	侍衛	康熙 43.1	將軍	川陝	死
117	貝和諾	滿洲正黃	筆帖式	康熙 44.5	侍郎	雲貴	尚書
118	石文晟	漢軍正白	廕生	康熙 44.8	巡撫	湖廣	解
119	梁鼐	陝西長安	廕生	康熙 45.5	提督	閩浙	憂免
120	邵穆布	滿洲鑲藍	筆帖式	康熙 45.11	侍郎	兩江	免

121	趙宏燦	甘肅寧夏	廕生	康熙 45.12	提督	兩廣	尚書
122	齊世武	滿洲正白	廕生	康熙 47.4	巡撫	川陝	尚書
123	趙世顯	漢軍鑲黃	筆帖式	康熙 47.4	巡撫	總河	召京
124	殷泰	滿洲鑲紅	駐防兵	康熙 48.7	提督	川陝	病免
125	噶禮	滿洲正紅	廕生	康熙 48.7	侍郎	兩江	解革
126	祖良璧	漢軍正藍	副都統	康熙 49.8	將軍	（兼署）閩浙	將軍
127	范時崇	漢軍鑲黃	廕生	康熙 49.8	巡撫	閩浙	左都御史
128	鄂海	滿洲鑲白	筆帖式	康熙 49.10	巡撫	湖廣－川陝－陝西	缺裁
129	郭瑮	滿洲鑲紅	筆帖式	康熙 49.10	巡撫	雲貴	死
130	赫壽	滿洲正黃	筆帖式	康熙 49.10	侍郎	漕運－兩江	尚書
131	郎廷極	漢軍鑲黃	廕生	康熙 51.2	巡撫	（署）兩江－漕運	死
132	額倫特	滿洲鑲紅	佐領	康熙 52.4	提督	湖廣	（署）將軍
133	施世綸	漢軍鑲黃	廕生	康熙 54.2	巡撫	漕運	死
134	滿保	滿洲正黃	進士	康熙 54.11	巡撫	閩浙	死
135	滿丕	滿洲正黃	覺羅	康熙 55.閏3	侍郎	（署）湖廣	召京
136	蔣陳錫	江蘇常熟	進士	康熙 55.9	巡撫	雲貴	革
137	楊琳	漢軍正紅	守備	康熙 55.10	巡撫	兩廣－廣東	死
138	長鼐	滿洲正白	筆帖式	康熙 56.4	內閣學士	兩江	死
139	年羹堯	漢軍鑲黃	進士	康熙 57.10	巡撫	四川－川陝	將軍
140	張文煥	甘肅寧夏	武狀元	康熙 59.9	提督	（署）雲貴	召京
141	陳鵬年	湖南湘潭	進士	康熙 60.11	署道員	（署）總河－總河	病免
142	高其倬	漢軍鑲黃	進士	康熙 61.2	巡撫	（署）雲貴－雲貴－閩浙－福建	召京
143	張大有	陝西郃陽	進士	康熙 61.5	侍郎	（署）漕運－漕運	侍郎
144	查弼納	滿洲正黃	佐領	康熙 61.10	侍郎	兩江	召京
145	楊宗仁	漢軍正白	監生	康熙 61.11	巡撫	湖廣	死
146	齊蘇勒	滿洲正白	官學生	雍正 1.1	按察使	（署）總河－總河	死
147	孔毓珣	山東曲阜	貢生	雍正 1.8	巡撫	廣西－兩廣－南河	死
148	稽曾筠	江蘇無錫	進士	雍正 2.閏4	侍郎	副總河－東河－（署）南河－（管）浙江	大學士
149	李維鈞	浙江嘉興	貢生	雍正 2.10	巡撫	直隸	革
150	岳鍾琪	甘肅臨洮	入資	雍正 3.4	提督	（署）川陝－川陝	大將軍
151	宜兆熊	漢軍正白	佐領	雍正 3.7	將軍	（署）閩浙－湖廣－（署）直隸	將軍

152	李成龍	漢軍正紅	廕生	雍正3.8	巡撫	湖廣	都統
153	蔡珽	漢軍正白	進士	雍正3.8	尚書	（署）直隸	尚書
154	李紱	江西臨川	進士	雍正3.8	巡撫	直隸	侍郎
155	圖理琛	滿洲正黃	國子生	雍正3.9	巡撫	（署）川陝	巡撫
156	伊都立	滿洲正黃	舉人	雍正3.10	署巡撫	雲貴－山西	巡撫
157	楊名時	江蘇江陰	進士	雍正3.10	巡撫	雲貴	尚書
158	范時鐸	漢軍鑲黃	佐領	雍正4.4	總兵	（署）兩江	解革
159	福敏	滿洲鑲白	進士	雍正4.9	左都御史	（署）湖廣	左都御史
160	鄂爾泰	滿洲鑲黃	侍衛	雍正4.10	巡撫	雲貴－雲貴廣西	召京
161	劉師恕	江蘇寶應	進士	雍正4.12	侍郎	（協辦）直隸	內閣學士
162	邁柱	滿洲鑲藍	筆帖式	雍正5.閏3	署巡撫	湖廣	大學士
163	李衛	江蘇銅山	員外郎	雍正5.11	巡撫	浙江－（署）直隸－直隸	病休旋死
164	西柱		學士	雍正6.1	學士	江南副總河	
165	徐湛恩		僉都御史	雍正6.3	僉都御史	（協辦）河東河務	革
166	何世璂	山東新城	進士	雍正6.5	侍郎	（署）直隸	予祭
167	田文鏡	漢軍正黃	監生	雍正6.5	巡撫	河南山東兼管東河	病免旋死
168	尹繼善	滿洲鑲黃	進士	雍正6.6	署巡撫	（協辦）總河－（署）南河－（署）兩江－雲廣－雲貴－雲南－川陝－兩江－兩廣－陝甘－兩江－（署）陝甘－南河－兩江	大學士
169	楊鯤	山西寧武	廕生	雍正7.1	提督	（協辦）直隸	提督
170	性桂	滿洲正藍	天文生	雍正7.2	副都御史	漕運－（署）浙江－漕運	尚書
171	郝玉麟	漢軍鑲白	驍騎校	雍正7.3	提督	廣東－福建－閩浙－福建－閩浙	尚書
172	查郎阿	滿洲鑲白	佐領	雍正7.4	尚書	（署）川陝－陝甘－川陝	大學士
173	史貽直	江蘇溧陽	進士	雍正7.4	侍郎	（署）福建－（署）兩江	左都御史
174	唐執玉	江蘇武進	進士	雍正7.6	左都御史	（署）直隸	病免
175	劉世明	河南河內	提督改授	雍正8.5	巡撫	福建	副將軍
176	沈廷正	漢軍鑲白	筆帖式	雍正8.8	巡撫	東河－（署）北河	副都御史
177	朱藻	漢軍鑲白	道員	雍正8.9	道員	（協辦）副總河－東河－北河	憂免

178	劉於義	江蘇武進	進士	雍正 8.12	侍郎	北河－（署）直隸－（署）陝甘	尚書
179	黃廷桂	漢軍鑲紅	侍衛	雍正 9.2	提督	四川	提督
180	李燦	山東濟寧	武進士	雍正 9.7	總兵	（署）浙江	總兵
181	張溥	漢軍鑲紅	副都統	雍正 9.9	提督	（署）廣東	提督
182	高斌	滿洲鑲黃	主事	雍正 9.9	布政使	副總河－南河－直隸	尚書
183	孫國璽			雍正 9.10	署布政使	（署）副總河	署巡撫
184	王朝恩	漢軍鑲紅	貢生	雍正 10.2	侍郎	北河	革
185	魏廷珍	直隸景州	進士	雍正 10.2	尚書	漕運－（署）兩江	尚書
186	鄂彌達	滿洲正白	筆帖式	雍正 10.2	巡撫	廣東－兩廣－川陝	侍郎
187	程元章	河南上蔡	進士	雍正 10.7	巡撫	浙江	巡撫
188	王士俊	貴州平越	進士	雍正 10.11	巡撫	河南山東	解
189	阿蘭泰			雍正 10.11	侍讀學士	副總河	侍讀學士
190	顏琮	滿洲鑲黃	監生	雍正 11.8	太常寺卿	北河－漕運－北河－漕運－南河－漕運	巡撫
191	趙宏恩	漢軍鑲紅	貢生捐納	雍正 11.9	巡撫	兩江	尚書
192	阿爾賽	滿洲鑲藍	進士	雍正 12.7	將軍	（署）福建	將軍
193	白鍾山	漢軍正藍	筆帖式	雍正 12.10	布政使	副總河－東河－南河	解
194	劉勷	山西介休	貢生	雍正 12.12	鴻臚寺卿	副總河－北河	革罷
195	劉永澄			雍正 12.12	侍讀學士	副總河	副都御史
196	張廣泗	漢軍鑲紅	監生入貲	雍正 13.7	副將軍	湖廣－貴州－川陝	召京
197	補熙	滿洲鑲黃	廕生	乾隆 1.2	提督	漕運	憂免
198	德爾敏	滿洲正白	都統	乾隆 1.11	太僕寺卿	副總河	詹事
199	慶復	滿洲鑲黃	襲爵	乾隆 2.1	尚書	兩江－雲南－兩廣－川陝	召京
200	張允隨	漢軍鑲黃	典簿	乾隆 2.4	巡撫	（署）雲南－雲貴	大學士
201	德沛	滿洲正黃	宗室	乾隆 2.9	巡撫	湖廣－閩浙－兩江	侍郎
202	那蘇圖	滿洲鑲黃	侍衛	乾隆 2.閏9	尚書	兩江－湖廣－兩江－閩浙－兩廣－直隸	死
203	查克旦	滿洲鑲白	額外	乾隆 2.12	尚書	漕運	左都御史
204	馬爾泰	滿洲正黃	主事	乾隆 3.7	左都御史	兩廣－（署）川陝－兩廣－閩浙	召京
205	托時	滿洲正黃	筆帖式	乾隆 3.7	侍郎	漕運	侍郎
206	孫嘉淦	山西興縣	進士	乾隆 3.10	尚書	直隸－湖廣	召京

207	班第	蒙古鑲黃	官學生	乾隆 4.7	侍郎	湖廣	憂免
208	楊超曾	湖南武陵	進士	乾隆 5.5	尚書	（署）兩江	尚書
209	孫鈞			乾隆 5.8	道員	（護）南河	道員
210	常安	滿洲鑲紅	筆帖式	乾隆 5.10	侍郎	漕運	巡撫
211	完顏偉	滿洲鑲黃	筆帖式	乾隆 6.2	按察使	副總河	副都御史
212	策楞	滿洲鑲黃	侍衛	乾隆 6.5	將軍	（暫署）閩浙－兩廣－兩江－四川	憂免
213	劉統勳	山東諸城	進士	乾隆 11.閏3	左都御史	（署）漕運－（署）陝甘	尚書
214	周學健	江西新建	進士	乾隆 11.9	巡撫	南河	革旋殺
215	喀爾吉善	滿洲正黃	佐領	乾隆 11.9	巡撫	閩浙	死
216	塞楞額	滿洲正白	進士	乾隆 11.9	巡撫	湖廣	旋革殺
217	蘊著	滿洲正紅	筆帖式	乾隆 12.9	侍郎	漕運	革
218	新柱	滿洲鑲黃	襲職	乾隆 13.閏7	將軍	湖廣	將軍
219	傅恆	滿洲鑲黃	侍衛	乾隆 13.9	協大學士	（署）川陝	經略
220	瑚寶	滿洲鑲白	侍衛	乾隆 13.9	巡撫	（兼辦）川陝－（署）陝甘－漕運	予祭
221	張師載	河南儀封	舉人	乾隆 13.9	侍郎	（協辦）南河	巡撫
222	碩色	滿洲正黃	補官	乾隆 13.10	巡撫	兩廣－雲貴－湖廣	病免旋死
223	亞爾哈善	滿洲正紅	舉人	乾隆 13.11	巡撫	（署）兩江	巡撫
224	陳大受	湖南祁陽	進士	乾隆 14.7	協辦大學士	（署）直隸	協辦大學士
225	方觀承	安徽桐城	召對	乾隆 14.7	巡撫	直隸	病免旋死
226	永興	滿洲正白	生員	乾隆 14.12	將軍	湖廣	憂免
227	鄂昌	滿洲鑲藍	舉人	乾隆 15.11	巡撫	（辦理）陝甘	巡撫
228	阿里袞	滿洲正白	侍衛	乾隆 15.11	巡撫	湖廣－兩廣	侍郎
229	永常	滿洲正白	侍衛	乾隆 16.9	提督	湖廣－陝甘	將軍
230	莊有恭	廣東番禺	進士	乾隆 17.10	巡撫	（署）兩江	巡撫
231	鄂容安	滿洲鑲藍	進士	乾隆 18.1	巡撫	兩江	將軍參贊
232	富勒赫	滿洲鑲白	舉人	乾隆 18.2	布政使	（學習）南河	
233	開泰	滿洲正黃	進士	乾隆 18.3	巡撫	湖廣－四川－川陝－四川	革戍
234	楊應琚	滿洲正白		乾隆 19.4	巡撫	兩廣－閩浙－甘肅－陝甘－雲貴	大學士
235	愛必達	滿洲鑲黃	筆帖式	乾隆 20.6	巡撫	（署）雲貴	巡撫

236	恆文	滿洲正黃	筆帖式	乾隆 21.2	巡撫	雲貴	革逮殺
237	楊錫紱	江西清江	進士	乾隆 22.1	尚書	漕運	死
238	嵇璜	江蘇江寧	進士	乾隆 22.5	侍郎	副總河－東河	尚書
239	鶴年	滿洲鑲藍	進士	乾隆 22.7	巡撫	兩廣	巡撫
240	李侍堯	滿洲鑲黃	廕生	乾隆 22.10	將軍	兩廣	尚書
241	陳宏謀	廣西臨桂	進士	乾隆 22.12	巡撫	兩廣	署巡撫
242	吳達善	滿洲正紅	進士	乾隆 24.1	巡撫	陝甘－雲貴－湖廣－陝甘－湖廣－陝甘	死
243	楊廷璋	漢軍鑲黃	筆帖式	乾隆 24.3	巡撫	閩浙	大學士
244	蘇昌	滿洲正藍	監生	乾隆 24.9	尚書	湖廣－兩廣－閩浙	死
245	高晉	滿洲鑲黃	知縣	乾隆 26.3	巡撫	南河－兩江	死
246	劉藻	山東荷澤	進士	乾隆 26.4	巡撫	雲貴－湖廣	巡撫
247	鄂弼	滿洲鑲藍	父廕	乾隆 28.6	巡撫	四川	死
248	阿爾泰	滿洲正黃	筆帖式	乾隆 28.6	巡撫	四川	大學士
249	葉存仁	湖北江夏	捐納	乾隆 28.11	巡撫	東河	死
250	阿桂	滿洲正白	廕生	乾隆 29.3	尚書	（署）四川－雲貴	參贊
251	李宏	漢軍正藍	監生	乾隆 29.6	道員	東河－南河	死
252	常鈞	滿洲鑲紅	舉人	乾隆 29.6	巡撫	（兼署）湖廣	巡撫
253	明山	滿洲正藍	佐領	乾隆 29.6	巡撫	（兼署）兩廣－陝甘	解革
254	李清時	福建安溪	進士	乾隆 30.3	道員	東河	巡撫
255	和其衷	滿洲正紅	進士	乾隆 30.10	巡撫	（署）陝甘	巡撫
256	湯聘	浙江仁和	進士	乾隆 31.1	巡撫	（署）陝甘	巡撫
257	舒赫德	滿洲正白	筆帖式	乾隆 31.2	尚書	（暫署）陝甘	尚書
258	定長	滿洲正黃	內閣中書	乾隆 31.2	巡撫	湖廣	死
259	明瑞	滿洲鑲黃	官學生	乾隆 32.3	將軍	雲貴	戰死
260	鄂寧	滿洲鑲藍	舉人	乾隆 32.3	巡撫	雲貴	巡撫
261	崔應階	湖北江夏	廕生	乾隆 33.1	巡撫	閩浙－漕運	尚書
262	吳嗣爵	浙江前塘	進士	乾隆 33.9	道員	東河－南河	侍郎
263	梁耆鴻	陝西三原	廕生	乾隆 33.12	布政使	（署）漕運	署侍郎
264	明德	滿洲正紅	筆帖式	乾隆 34.1	巡撫	雲貴	巡撫
265	阿思哈	滿洲正黃	官學生	乾隆 34.3	巡撫	雲貴	巡撫
266	傅顯	滿洲鑲紅	繙譯舉人	乾隆 34.6		漕運	死
267	黃登賢	順天大興	進士	乾隆 34.6	侍郎	漕運	副都御史
268	彰寶	滿洲鑲黃	舉人	乾隆 34.10	巡撫	雲貴	病免

269	梁國治	浙江會稽	進士	乾隆 34.10	巡撫	（兼署）湖廣	巡撫
270	鍾音	滿洲鑲藍	進士	乾隆 35.10	巡撫	閩浙	尚書
271	德福	滿洲正白	筆帖式	乾隆 35.10	巡撫	（署）四川－（署）雲貴－四川	召京
272	富明安	滿洲鑲紅	筆帖式	乾隆 36.3	巡撫	閩浙－湖廣	死
273	文綬	滿洲鑲白	監生	乾隆 36.5	巡撫	四川－陝甘－四川－湖廣－四川	革
274	姚立德	浙江仁和	廕生	乾隆 36.8	按察使	（署）東河－東河	革
275	何煟	浙江山陰	同知	乾隆 36.8	巡撫	（兼管）東河	巡撫
276	周元理	浙江仁和	舉人	乾隆 36.10	巡撫	直隸	免旋革
277	桂林	滿洲鑲藍	入貲	乾隆 36.11	侍郎	四川	革逮
278	嘉謨	滿洲鑲藍	筆帖式	乾隆 37.1	道員	（署）漕運	侍郎
279	海明	滿洲正藍	生員	乾隆 37.5	巡撫	湖廣－陝甘	死
280	勒爾謹	滿洲鑲白	繙譯進士	乾隆 37.6	巡撫	陝甘	革
281	富勒渾	滿洲正藍	舉人	乾隆 37.6	巡撫	湖廣－四川－湖廣－閩浙－兩廣	革
282	劉秉恬	山西洪洞	舉人	乾隆 37.12	侍郎	四川	革
283	陳輝祖	湖南祁陽	廕生	乾隆 37.12	巡撫	（署）湖廣－東河－南河－閩浙	革逮
284	圖思德	滿洲鑲黃	筆帖式	乾隆 39.5	巡撫	（署）雲貴	巡撫
285	薩載	滿洲正黃	筆帖式	乾隆 41.3	巡撫	南河－兩江	死
286	畢沅	江蘇鎮洋	進士	乾隆 41.3	巡撫	（署）陝甘－湖廣	死
287	德保	滿洲正白	進士	乾隆 41.4	巡撫	（署）漕運	巡撫
288	鄂寶	滿洲鑲黃	官學生	乾隆 41.10	巡撫	漕運	侍郎
289	楊景素	江蘇甘泉	縣丞	乾隆 42.1	巡撫	兩廣－閩浙－直隸	死
290	李質穎	滿洲正白	進士	乾隆 42.2	巡撫	湖廣－閩浙	入閣辦事
291	三寶	滿洲正紅	繙譯進士	乾隆 42.5	巡撫	（暫署）兩廣	巡撫
292	李奉翰	漢軍正藍	入貲	乾隆 44.1		南河－東河－南河－東河－兩江	卒
293	英廉	漢軍鑲黃	舉人	乾隆 44.3	尚書	（署）直隸	大學士
294	袁守侗	山東長山	舉人	乾隆 44.4	尚書	東河－直隸	憂免
295	巴延三	滿洲正紅	官學生	乾隆 44.12	巡撫	兩廣	召京
296	舒常	滿洲正白	侍衛	乾隆 45.2	巡撫	（署）雲貴－湖廣－兩廣－湖廣	尚書
297	福康安	滿洲鑲黃	侍衛	乾隆 45.3	將軍	雲貴－四川－陝甘－閩浙－兩廣－四川－雲貴－閩浙	卒

298	國泰	滿洲鑲白	廩生	乾隆 45.8	巡撫	（兼署）南河	巡撫
299	韓鎔	貴州畢節	入貲	乾隆 46.1	道員	東河	憂免
300	富綱	滿洲正藍	父蔭	乾隆 46.8	巡撫	雲貴－閩浙－雲貴－兩江－漕運－雲貴	憂免
301	鄭大進	廣東揭陽	進士	乾隆 46.11	巡撫	直隸	卒
302	何裕城	浙江山陰	貢生	乾隆 47.7	道員	（署）東河	巡撫
303	毓奇	滿洲鑲黃	筆帖式	乾隆 48.2	內閣學士	漕運	革
304	李世傑	貴州黔西	主簿	乾隆 48.4	巡撫	四川－兩江－四川	病免
305	蘭第錫	山西吉州	舉人	乾隆 48.4	道員	（署）東河－南河	卒
306	特成額	滿洲鑲黃	侍衛	乾隆 48.4	巡撫	直隸	侍郎
307	劉峩	山東單縣	貢生	乾隆 48.5	尚書	（署）直隸	尚書
308	劉墉	山東諸城	進士	乾隆 48.5	將軍	（署）四川－湖廣－雲貴	革逮
309	孫士毅	浙江仁和	進士	乾隆 50.3	巡撫	兩廣－四川－兩江－（署）四川	大學士
310	雅德	滿洲正紅	監生	乾隆 50.7	巡撫	閩浙	革
311	慶桂	滿洲鑲黃	廩生	乾隆 50.9	尚書	（暫署）陝甘	尚書
312	保寧	蒙古正白	侍衛	乾隆 51.3	將軍	四川	將軍
313	閔鶚元	浙江歸安	進士	乾隆 51.3	巡撫	（署）兩江	巡撫
314	書麟	滿洲鑲黃	整儀尉	乾隆 51.3	巡撫	（署）湖廣	巡撫
315	圖薩布	滿洲正紅	筆帖式	乾隆 51.5	巡撫	兩江－閩浙－雲貴－湖廣	召京卒
316	常青	滿洲正藍	王府長史	乾隆 51.6	將軍	閩浙－湖廣	將軍
317	永保	滿洲鑲紅	官學生	乾隆 51.9	巡撫	（署）陝甘－兩廣	卒
318	勒保	滿洲鑲紅	筆帖式	乾隆 52.9	侍郎	陝甘－雲貴－湖廣－四川	大學士
319	魁倫	滿洲正黃	佐領	乾隆 53.10	將軍	閩浙	尚書
320	伍拉納	滿洲正黃	筆帖式	乾隆 54.1	巡撫	閩浙	卒
321	管幹貞	江蘇武進	進士	乾隆 54.6	侍郎	漕運	降調
322	梁肯堂	浙江錢塘	舉人	乾隆 55.2	巡撫	直隸－（署）漕運	尚書
323	福崧	滿洲正黃	內閣中書	乾隆 55.5	巡撫	（兼署）兩江	巡撫
324	鄂輝	滿洲正白	前鋒	乾隆 55.10	將軍	四川－雲貴	卒
325	長麟	滿洲正藍	進士	乾隆 56.4	巡撫	（暫署）兩江－兩廣－（署）閩浙－雲貴－閩浙－陝甘－兩廣	都統

326	惠齡	蒙古正白	筆帖式	乾隆 56.11	巡撫	四川－陝甘	卒
327	蘇凌阿	滿洲正白	繙譯舉人	乾隆 59.7	尚書	（署）兩江	大學士
328	和琳	滿洲正紅	筆帖式	乾隆 59.7	尚書	四川	卒
329	福寧	滿洲鑲藍	筆帖式	乾隆 59.8	巡撫	湖廣－兩江－四川	免
330	宜緜	滿洲正白	筆帖式	乾隆 60.5	都統	陝甘	召京
331	朱珪	順天大興	進士	嘉慶 1.6	尚書	（署）兩廣	巡撫
332	吉慶	滿洲正白	官學生	嘉慶 1.6	巡撫	兩廣	協大學士
333	陸有仁	浙江錢塘	進士	嘉慶 1.11	侍郎	（署）陝甘	革
334	英善	滿洲鑲黃	筆帖式	嘉慶 2.5	侍郎	（代辦）陝甘	侍郎
335	康基田	山西興縣	進士	嘉慶 2.7	巡撫	東河－南河	革
336	司馬騊	江蘇江寧	監生	嘉慶 2.12	布政使	東河	卒
337	胡季堂	河南光山	廩生	嘉慶 3.1	尚書	直隸	病免旋卒
338	景安	滿洲鑲紅	官學生	嘉慶 3.3	巡撫	湖廣	按察使
339	福昌	滿洲正白	護軍	嘉慶 3.11	將軍	（暫署）閩浙	將軍
340	恆瑞	滿洲正白	侍衛	嘉慶 4.1	將軍	（署）陝甘	將軍
341	松筠	蒙古正藍	筆帖式	嘉慶 4.2	尚書	陝甘－兩江－兩廣	協大學士
342	費淳	浙江錢塘	進士	嘉慶 4.2	巡撫	兩江	尚書
343	蔣兆奎	陝西渭南	進士	嘉慶 4.2	巡撫	漕運	侍郎
344	吳璥	浙江錢塘	進士	嘉慶 4.3	布政使	東河－南河－東河	尚書
345	倭什布	滿洲正紅	筆帖式	嘉慶 4.3	巡撫	湖廣－兩廣－陝甘	參將
346	玉德	滿洲正紅	官學生	嘉慶 4.10	巡撫	東河－閩浙	辦事大臣
347	全保	蒙古鑲黃	筆帖式	嘉慶 4.11	布政使	（護）東河－湖廣－陝甘	病免旋死
348	鐵保	滿洲正黃	進士	嘉慶 4.12	侍郎	漕運－兩江	辦事大臣
349	姜晟	江蘇元和	進士	嘉慶 5.1	巡撫	湖廣－直隸	侍郎
350	王秉韜	漢軍鑲紅	舉人	嘉慶 5.2	布政使	東河	卒
351	顏檢	廣東連平	貢生	嘉慶 5.10	布政使	（護）直隸－直隸－漕運	休
352	琅玕	滿洲正黃	筆帖式	嘉慶 5.10	巡撫	雲貴	卒
353	吳熊光	江蘇昭文	舉人	嘉慶 6.4	巡撫	湖廣－直隸－兩廣	革
354	熊枚	江西鉛山	進士	嘉慶 6.6	侍郎	（署）直隸	左都御史
355	陳大文	河南杞縣	進士	嘉慶 6.6	巡撫	直隸－兩江	左都御史
356	嵇承志	江蘇無錫	舉人	嘉慶 7.8	鹽運使	東河	府尹
357	瑚圖禮	滿洲正白	進士	嘉慶 7.11	巡撫	兩廣	巡撫
358	吉綸	滿洲鑲藍	筆帖式	嘉慶 7.11	侍郎	漕運	巡撫
359	徐端	浙江德清	入貲	嘉慶 9.4	道員	（護）東河－南河－副總河－南河	革

360	那彥成	滿洲正白	進士	嘉慶 9.6	尚書	陝甘－兩廣－陝甘－直隸	侍郎
361	伯麟	滿洲正黃	筆帖式	嘉慶 9.7	巡撫	雲貴	尚書
362	李亨特	漢軍正藍	入資	嘉慶 9.12	按察使	東河	革
363	百齡	漢軍正黃	進士	嘉慶 10.6	巡撫	湖廣－兩廣－兩江	協大學士
364	裘行簡	江西新建	舉人	嘉慶 10.9	布政使	（護）直隸	卒
365	阿林保	滿洲正白	筆帖式	嘉慶 11.5	巡撫	閩浙－兩江	卒
366	戴均元	江西大庾	進士	嘉慶 11.6	侍郎	南河－東河	侍郎
367	秦承恩	江蘇江寧	進士	嘉慶 11.9	尚書	（署）直隸	尚書
368	汪志伊	安徽桐城	舉人	嘉慶 11.10	尚書	湖廣－閩浙	病免
369	溫承惠	山西太谷	貢生	嘉慶 11.10	巡撫	直隸	按察使
370	特清額	滿洲鑲黃	披甲	嘉慶 11.11	將軍	（署）四川	將軍
371	長齡	蒙古正白	筆帖式	嘉慶 12.5	巡撫	陝甘－（署）直隸－陝甘－雲貴－陝甘	將軍
372	薩彬圖	滿洲鑲白	進士	嘉慶 12.5	侍郎	漕運	光祿寺卿
373	馬慧裕	漢軍正黃	進士	嘉慶 13.6	侍郎	東河－漕運－湖廣	左都御史
374	和寧	蒙古鑲黃	進士	嘉慶 14.1	都統	（署）陝甘	都統
375	胡克家	江西鄱陽	進士	嘉慶 14.6	侍郎	漕運	布政使
376	方維甸	安徽桐城	進士	嘉慶 14.7	巡撫	閩浙	乞養
377	錢楷	浙江嘉興	進士	嘉慶 14.7	布政使	（署）東河	巡撫
378	陳鳳翔	江西崇仁	縣丞	嘉慶 14.7	道員	東河－南河	革
379	許兆椿	湖北雲夢	進士	嘉慶 14.12	巡撫	漕運	侍郎
380	常明	滿洲鑲紅	筆帖式	嘉慶 15.2	巡撫	四川	卒
381	蔣攸銛	漢軍鑲藍	進士	嘉慶 15.11	巡撫	南河－兩廣－四川－直隸－兩江	大學士
382	阮元	江蘇儀徵	進士	嘉慶 17.8	侍郎	漕運－湖廣－兩廣－雲貴	大學士
383	黎世序	河南羅山	進士	嘉慶 17.8	道員	南河	卒
384	章煦	浙江錢塘	進士	嘉慶 18.9	尚書	（署）直隸	尚書
385	文寧	滿洲正紅	進士	嘉慶 18.11	侍郎	（署）直隸	
386	先福	滿洲正白	筆帖式	嘉慶 19.3	巡撫	陝甘	參將
387	桂芳	滿洲鑲藍	進士	嘉慶 19.3	侍郎	漕運	卒
388	李奕疇	河南夏邑	進士	嘉慶 19.4	巡撫	漕運	降
389	李鴻賓	江西德化	進士	嘉慶 19.5	給事中	副總河－東河－漕運－湖廣－兩廣	革
390	李逢亨	陝西平利	貢生	嘉慶 20.5	道員	東河	道員

391	孫玉庭	山東濟寧	進士	嘉慶21.5	巡撫	湖廣－兩江	大學士
392	方受疇	安徽桐城	監生	嘉慶21.6	巡撫	直隸	病免
393	葉觀潮	福建閩縣	舉人	嘉慶21.10		東河	革
394	董教增	江蘇上元	進士	嘉慶22.3	巡撫	閩浙	病免
395	李鑾宣	山西靜樂	進士	嘉慶22.9	布政使	（護）四川	巡撫
396	慶保	滿洲鑲黃	進士	嘉慶22.9	巡撫	湖廣－雲貴－閩浙	左都御史
397	德寧阿		副都統	嘉慶22.10	將軍	（兼署）四川	將軍
398	成寧	滿洲鑲黃	監生	嘉慶24.8	都統	漕運	召京
399	張文浩	順天大興	入貲	嘉慶25.4	道員	（署）東河－南河	革
400	張映漢	山東海豐	進士	嘉慶25.4	巡撫	湖廣	侍郎
401	史致光	浙江山陰	進士	嘉慶25.12	巡撫	雲貴	左都御史
402	陳若霖	福建閩縣	進士	嘉慶25.12	巡撫	湖廣－四川	尚書
403	嚴烺	浙江仁和	入貲	道光1.7	道員	東河－南河－東河	病免
404	朱勳	江蘇靖江	監生	道光1.9	巡撫	（署）陝甘	巡撫
405	屠之申	湖北孝感	貢生	道光2.1	布政使	（護）直隸	降
406	趙慎畛	湖南武陵	進士	道光2.8	巡撫	閩浙－雲貴	卒
407	明山	滿洲鑲藍	筆帖式	道光2.8	侍郎	雲貴	尚書
408	魏元煜	直隸昌黎	進士	道光2.9	巡撫	漕運－兩江－漕運	卒
409	戴三錫	直隸大興	進士	道光3.12	布政使	四川	侍郎
410	韓克鈞	山西汾陽	進士	道光4.閏7	巡撫	（署）雲貴	巡撫
411	張井	陝西膚施	進士	道光4.11	道員	東河－南河	病免
412	琦善	滿洲正黃	廕生	道光5.5	巡撫	兩江－四川－直隸－（署）兩廣－四川－陝甘	革
413	穆彰阿	滿洲鑲藍	進士	道光5.6	尚書	（署）漕運	尚書
414	陳中孚	湖北武昌	進士	道光5.8	巡撫	漕運	巡撫
415	鄂山	滿洲正藍	進士	道光5.9	巡撫	（署）陝甘－四川	尚書
416	孫爾準	江蘇金匱	進士	道光5.9	巡撫	閩浙	卒
417	楊遇春	四川崇慶	武舉	道光5.10	提督	陝甘	病免
418	潘錫恩	安徽涇縣	進士	道光6.3	道員	副總河	憂免
419	嵩孚	滿洲正藍	廕生	道光6.5	尚書	湖廣	辦事大臣
420	楊懋恬	江西清江	貢生	道光6.9	巡撫	（署）漕運	卒
421	納爾經額	滿洲正白	繙譯進士	道光6.12	布政使	漕運－湖廣－陝甘－直隸	大學士
422	朱桂楨	江蘇上元	進士	道光9.3	侍郎	漕運	巡撫
423	陶澍	湖南安化	進士	道光10.6	巡撫	兩江	病免

424	吳邦慶	直隸霸州	進士	道光 10.8	按察使	漕運－東河	編修
425	盧坤	直隸涿州	進士	道光 10.11	巡撫	湖廣－兩廣	卒
426	王鼎	山西蒲城	進士	道光 11.2	尚書	（署）直隸	尚書
427	那彥寶	滿洲正白	侍衛	道光 11.2	將軍	（兼署）四川	將軍
428	林則徐	福建侯官	進士	道光 11.10	布政使	東河－湖廣－兩江－兩廣－（署）陝甘－雲貴	病免
429	蘇成額	漢軍鑲白	道員	道光 11.12	侍郎	漕運	都統
430	程祖絡	安徽歙縣	進士	道光 12.2	巡撫	閩浙	憂免
431	禧恩	滿洲正藍	侍衛	道光 12.8	尚書	（署）兩廣	尚書
432	伊里布	滿洲鑲黃	進士	道光 13.3	巡撫	雲貴－兩江	協大學士
433	麟慶	滿洲鑲黃	進士	道光 13.3	巡撫	南河－（兼署）兩江	辦事大臣
434	貴慶	滿洲鑲白	進士	道光 13.4	侍郎	漕運	都統
435	嵩溥	滿洲正藍	道員	道光 13.9	巡撫	漕運	侍郎
436	恩銘	滿洲鑲白	進士	道光 14.5	侍郎	漕運	左都御史
437	朱爲弼	浙江平湖	進士	道光 14.11	侍郎	漕運	病解
438	瑚松額	滿洲正黃	前鋒	道光 15.1	將軍	陝甘	病解
439	粟毓美	山西渾源	貢生	道光 15.4	布政使	東河	卒
440	鄧廷楨	江蘇江寧	進士	道光 15.8	巡撫	兩廣－兩江－雲貴－閩浙	布政使
441	恩特亨額	蒙古正紅	道員	道光 15.8	侍郎	漕運－陝甘	卒
442	鍾祥	漢軍鑲黃	進士	道光 16.7	巡撫	閩浙	布政使
443	周天爵	山東東阿	進士	道光 17.5	布政使	漕運－閩浙－湖廣	巡撫
444	寶興	滿洲鑲黃	進士	道光 18.閏4	將軍	四川	大學士
445	蘇廷玉	福建同安	進士	道光 18.7	布政使	（署）四川	按察使
446	伍長華	江蘇上元	進士	道光 18.9	巡撫	（署）湖廣	巡撫
447	鐵麟	滿洲正藍	進士	道光 18.11	侍郎	（署）漕運	侍郎
448	桂良	滿洲正紅	入貲	道光 19.3	巡撫	湖廣－閩浙－雲貴－直隸	大學士
449	陳鑾	湖北江夏	進士	道光 19.3	巡撫	（署）兩江	卒
450	朱樹	貴州貴筑	襲世職	道光 19.4	巡撫	漕運	乞養
451	吳文鎔	江蘇儀徵	進士	道光 19.12	巡撫	（署）閩浙－雲貴－閩浙－湖廣	戰死殉難
452	顏伯燾	廣東連平	進士	道光 19.12	巡撫	（兼署）雲貴－閩浙	革

453	文沖	滿洲正紅	道員	道光 20.2	按察使	東河	革
454	裕謙	蒙古鑲黃	進士	道光 20.7	巡撫	兩江	卒
455	怡良	滿洲正紅	筆帖式	道光 20.9	巡撫	（兼署）兩廣－閩浙－兩江	病免
456	吳其濬	河南固始	進士	道光 20.11	侍郎	（兼署）湖廣	巡撫
457	裕泰	滿洲鑲紅	官學生	道光 20.11	巡撫	湖廣－閩浙－陝甘	卒
458	程矞采	江西新建	進士	道光 21.1	布政使	（護）兩江－漕運－雲貴－湖廣	革
459	祁墳	山西高平	進士	道光 21.2	尚書	兩廣	病免旋卒
460	朱襄	安徽蕪湖	進士	道光 21.8	道員	東河	免
461	牛鑑	甘肅武威	進士	道光 21.9	巡撫	兩江	革
462	楊國楨	四川崇慶	入貲	道光 21.12	巡撫	閩浙	病免
463	富呢揚阿	滿洲鑲紅	筆帖式	道光 22.3	巡撫	陝甘	卒
464	耆英	滿洲正藍	廕生	道光 22.9	將軍	兩江－兩廣	協大學士
465	慧成	滿洲鑲黃	進士	道光 22.9	侍郎	東河－四川－閩浙	革
466	廖鴻荃	福建侯官	進士	道光 22.11	尚書	（署）漕運、南河	太僕寺卿
467	潘錫恩	安徽涇縣	進士	道光 22.11	侍郎	南河	病免
468	李湘棻	山東安邱	進士	道光 22.12	太常少卿	漕運	憂免
469	璧昌	蒙古鑲白	筆帖式	道光 23.3	將軍	兩江	內大臣
470	孫寶善	山東濟寧	舉人	道光 23.3	巡撫	（護）兩江	巡撫
471	劉韻珂	山東汶上	貢生	道光 23.5	巡撫	閩浙	病免
472	鄂順安	滿洲正紅	道員	道光 23.6	巡撫	（兼署）東河	巡撫
473	惠吉	滿洲鑲黃	廕生	道光 24.3	都統	漕運－陝甘	卒
474	賀長齡	湖南善化	進士	道光 25.4	巡撫	雲貴	布政使
475	布彥泰	滿洲正黃	侍衛	道光 25.11	將軍	陝甘	參將
476	陸建瀛	湖北沔陽	進士	道光 26.8	巡撫	（署）雲貴－兩江	革
477	李星沅	湖南湘陰	進士	道光 26.8	巡撫	雲貴－兩江	病免
478	楊殿邦	安徽泗州	進士	道光 26.9	侍郎	漕運	革
479	徐繼畬	山西五台	進士	道光 27.6	巡撫	（兼署）閩浙	巡撫
480	楊以增	山東聊城	進士	道光 27.8	巡撫	（署）陝甘－南河－（署）漕運－南河	卒
481	文慶	滿洲鑲紅	進士	道光 27.9	尚書	（署）陝甘	尚書
482	徐廣縉	河南鹿邑	進士	道光 28.6	巡撫	兩廣－（署）湖廣	革
483	顏以燠	廣東連平	舉人	道光 29.閏4	道員	（署）東河	道員

484	裕誠	滿洲鑲黃	侍衛	道光 29.9	將軍	（署）四川	將軍
485	徐澤醇	漢軍正藍	進士	道光 29.9	巡撫	四川	尚書
486	龔裕	江蘇清河	進士	道光 30.11	巡撫	（兼署）湖廣	巡撫
487	張亮基	江蘇銅山	入貲	道光 30.12	巡撫	（兼署）雲貴－（署）湖廣	巡撫
488	季芝昌	江蘇江陰	進士	咸豐 1.5	左都御史	閩浙	病免
489	薩迎阿	滿洲鑲黃	筆帖式	咸豐 1.5	都統	（署）陝甘	都統
490	舒興阿	滿洲正藍	進士	咸豐 1.閏8	侍郎	陝甘	喀什噶爾
491	裕瑞	滿洲鑲藍	整儀尉	咸豐 2.7	將軍	四川	辦事大臣
492	葉名琛	湖北漢陽	進士	咸豐 2.7	巡撫	兩廣	大學士
493	王懿德	河南祥符	進士	咸豐 2.10	巡撫	閩浙	病免
494	羅繞典	湖南安化	進士	咸豐 2.10	巡撫	雲貴	卒
495	陸應穀	雲南蒙自	進士	咸豐 2.12	巡撫	（署）東河	巡撫
496	福濟	滿洲鑲白	進士	咸豐 2.12	府尹	東河－漕運－雲貴	辦事大臣
497	祥厚	滿洲鑲紅	整儀尉	咸豐 3.1	將軍	（署）兩江	殉難
498	楊文定	安徽定遠	進士	咸豐 3.2	巡撫	（署）兩江	革逮
499	查文經	湖北京山	進士	咸豐 3.3	按察使	（護）漕運	按察使
500	長臻	漢軍鑲黃	廩生	咸豐 3.3	府尹	東河	卒
501	吳振棫	浙江錢塘	進士	咸豐 3.5	巡撫	（兼署）雲貴－四川－雲貴	病免
502	易棠	湖南善化	進士	咸豐 3.5	巡撫	陝甘	病免
503	有鳳	滿洲正黃		咸豐 3.6	將軍	（兼署）閩浙－（兼署）四川	將軍
504	邵燦	浙江餘姚	進士	咸豐 3.12	侍郎	漕運兼署南河	卒
505	台湧	滿洲正白	總兵	咸豐 4.2	將軍	湖廣	革
506	楊霈	漢軍鑲黃	進士	咸豐 4.6	巡撫	湖廣	革
507	黃宗漢	福建晉江	進士	咸豐 4.9	巡撫	四川－兩廣－四川	侍郎
508	樂斌	滿洲正黃	參領	咸豐 4.9	將軍	（兼署）四川－陝甘	革
509	恆春	滿洲正白	進士	咸豐 4.11	巡撫	雲貴	自殺
510	官文	滿洲正白	侍衛	咸豐 5.4	將軍	湖廣	大學士
511	蔣啓敭	廣西全州	進士	咸豐 5.5	布政使	南河	革
512	李鈞	直隸河間	進士	咸豐 5.5	布政使	（護）陝甘	大理寺卿
513	庚長	滿洲鑲黃	廩生	咸豐 6.1	道員	（署）東河	道員
514	常績	滿洲鑲紅	舉人	咸豐 6.9	侍郎	東河	病免旋卒
515	譚廷襄	浙江紹興	進士	咸豐 6.12	巡撫	直隸－東河	侍郎
516	趙德轍	山西解州	進士	咸豐 7.4	巡撫	（兼署）兩江	巡撫

517	何桂清	雲南昆明	進士	咸豐 7.4	巡撫	兩江	革殺
518	王慶雲	福建閩縣	進士	咸豐 7.6	巡撫	四川－兩廣	左都御史
519	桑春榮	直隸宛平	進士	咸豐 7.6	巡撫	（兼署）雲貴	侍郎
520	柏貴	蒙古正黃	舉人	咸豐 7.12	巡撫	（署）兩廣	巡撫
521	慶祺	蒙古正藍	進士	咸豐 8.6	將軍	直隸	卒
522	瑞麟	滿洲正藍	文童	咸豐 8.6	尚書	（署）直隸－兩廣	大學士
523	慶瑞	滿洲鑲黃	廩生	咸豐 8.6	巡撫	閩浙	將軍
524	文煜	滿洲正藍	官學生	咸豐 9.2	布政使	直隸	將軍
525	恆福	蒙古鑲黃	道員	咸豐 9.2	巡撫	直隸	病免
526	瑛棨	漢軍正白	廩生	咸豐 9.3	巡撫	（署）東河	按察使
527	黃贊湯	江西廬陵	進士	咸豐 9.3	侍郎	東河	巡撫
528	勞崇光	湖南善化	進士	咸豐 9.4	巡撫	兩廣－雲貴	卒
529	袁甲三	河南項城	進士	咸豐 9.4	太僕寺卿	漕運	欽差督皖
530	聯英	滿洲鑲黃	廩生	咸豐 9.10	鹽運使	（署）漕運	病免
531	曾望顏	廣東香山	進士	咸豐 0.11	巡撫	（署）四川	革
532	林揚祖	福建莆田	進士	咸豐 9.11	布政使	（護）陝甘	布政使
533	王夢齡	順天大興	監生	咸豐 10.閏3	布政使	（署）漕運兼署南河	五京候
534	徐有壬	浙江烏程	進士	咸豐 10.4	巡撫	（兼署）兩江	殉難
535	薛煥	四川興文	捐納	咸豐 10.4	布政使	（暫署）兩江	巡撫
536	曾國藩	湖南湘鄉	進士	咸豐 10.4	侍郎	兩江－直隸－兩江	大學士
537	東純	滿洲正藍	廩生	咸豐 10.7	將軍	（兼署）四川	卒
538	崇實	滿洲鑲黃	進士	咸豐 10.7	駐藏大臣	（署）四川	將軍
539	劉源灝	直隸永清	進士	咸豐 10.10	巡撫	雲貴	召旋休
540	徐之銘	貴州開泰	進士	咸豐 10.10	巡撫	（兼署）雲貴	巡撫
541	駱秉章	廣東花縣	進士	咸豐 11.7	巡撫	四川	協大學士
542	潘鐸	江蘇江寧	進士	咸豐 11.11	布政使	（署）雲貴	殉難
543	吳棠	安徽盱眙	舉人	咸豐 11.11	布政使	漕運－（署）兩廣－漕運－閩浙－四川	病免
544	沈兆霖	浙江錢塘	進士	同治 1.1	尚書	（署）陝甘	卒
545	麟魁	滿洲鑲白	進士	同治 1.1	尚書	（署）陝甘	協大學士
546	熙麟	滿洲鑲黃	進士	同治 1.7	侍郎	陝甘	病免旋死
547	耆齡	滿洲正黃	筆帖式	同治 1.7	巡撫	閩浙	將軍
548	恩麟	蒙古正黃	進士	同治 1.7	布政使	（護）陝甘	駐藏大臣
549	崇厚	滿洲鑲黃	舉人	同治 1.12	侍郎	（署）直隸	侍郎

550	劉長佑	湖南新寧	貢生	同治 1.12	巡撫	兩廣－直隸－雲貴	病免
551	晏端書	江蘇儀徵	進士	同治 1.12	副都御史	（署）兩廣	副都御史
552	左宗棠	湖南湘陰	舉人	同治 2.3	巡撫	閩浙－陝甘－兩江	大學士
553	毛鴻賓	山東歷城	進士	同治 2.5	巡撫	兩廣	降
554	楊岳斌	湖南善化	戰功	同治 3.5	提督	陝甘	病免
555	都興阿	滿洲正白	侍衛	同治 3.5	將軍	（兼署）陝甘	將軍
556	鄭敦謹	湖南長沙	進士	同治 3.7	布政使	東河	巡撫
557	彭玉麟	湖南衡陽	知縣	同治 4.2	侍郎	（署）漕運	侍郎
558	張之萬	直隸南皮	進士	同治 4.4	巡撫	東河－漕運－閩浙	尚書
559	李鴻章	安徽合肥	進士	同治 4.4	巡撫	兩江－湖廣－直隸－兩廣－直隸	大學士
560	蘇廷魁	廣東高要	進士	同治 5.8	布政使	東河	召京
561	穆圖善	滿洲鑲黃	驍騎尉	同治 5.8	將軍	（兼署）陝甘	將軍
562	英桂	滿洲正藍	舉人	同治 5.8	將軍	閩浙	尚書
563	李瀚章	安徽合肥	貢生	同治 6.1	巡撫	湖廣－四川－湖廣－漕運－兩廣	因病開缺
564	宋延春	江西奉新	進士	同治 6.2	按察使	（護）雲貴	布政使
565	張凱嵩	湖北江夏	進士	同治 6.2	巡撫	雲貴	按察使
566	馬新貽	山東荷澤	進士	同治 6.12	巡撫	閩浙－兩江	被刺
567	郭柏蔭	福建侯官	進士	同治 6.12	巡撫	（兼署）湖廣	巡撫
568	劉嶽昭	湖南湘鄉	文童	同治 7.3	巡撫	雲貴	革
569	魁玉	滿洲鑲紅	廩生	同治 9.8	將軍	（兼署）兩江	將軍
570	張兆棟	山東濰縣	進士	同治 9.閏10	布政使	漕運	巡撫
571	蘇鳳文	貴州貴筑	舉人	同治 10.6	巡撫	漕運	免
572	喬松年	山西徐溝	進士	同治 10.8	侍郎	東河	卒
573	李鶴年	奉天義州	進士	同治 10.11	巡撫	閩浙－東河	巡撫
574	張樹聲	安徽合肥	廩生	同治 10.12	布政使	漕運－（署）兩江－兩廣－（署）直隸－兩廣	病免
575	何璟	廣東香山	進士	同治 11.2	巡撫	（署）兩江	憂免
576	恩錫	滿洲正黃	舉人	同治 11.2	布政使	（署）漕運	署巡撫
577	文彬	滿洲正白	進士	同治 11.2	布政使	漕運	卒
578	李宗羲	四川開縣	進士	同治 12.1	巡撫	兩江	病免
579	劉盛			同治 12.4	道員	（暫護）漕運	道員
580	岑毓英	廣西西林	諸生	同治 12.8	巡撫	雲貴	卒

581	英翰	滿洲正紅	舉人	同治 13.9	巡撫	兩廣	都統
582	劉坤一	湖南新寧	廩生	同治 13.12	巡撫	（署）兩江－兩廣－兩江	卒
583	曾國荃	湖南湘鄉	貢生	光緒 1.2	巡撫	東河－陝甘－兩廣－兩江	卒
584	沈葆楨	福建侯官	進士	光緒 1.4	船政大臣	兩江	卒
585	翁同爵	江蘇常熟	廕生	光緒 1.5	巡撫	（兼署）湖廣	巡撫
586	文格	滿洲正黃	進士	光緒 1.12	布政使	（護）四川	巡撫
587	丁寶楨	貴州平遠	進士	光緒 2.9	巡撫	四川	卒
588	吳元炳	河南固始	進士	光緒 4.2	巡撫	（兼署）兩江－漕運	巡撫
589	薛允升	陝西長安	進士	光緒 5.8	布政使	（署）漕運	侍郎
590	裕寬	滿洲正白	廕生	光緒 5.11	巡撫	（兼署）湖廣	巡撫
591	譚鈞培	貴州鎮遠	進士	光緒 6.6	布政使	（護）漕運	巡撫
592	黎培敬	湖南湘潭	進士	光緒 6.6	按察使	漕運	巡撫
593	楊昌濬	湖南湘鄉	諸生	光緒 6.11	布政使	（護）陝甘－漕運－閩浙－陝甘	開缺回籍
594	周恆祺	湖北黃陵	進士	光緒 7.5	巡撫	漕運	病免
595	譚鍾麟	湖南茶陵	進士	光緒 7.8	巡撫	陝甘－閩浙－四川－兩廣	留京當差
596	勒方錡	江西新建		光緒 7.8	巡撫	東河	病免
597	梅啓照	江西南昌	進士	光緒 7.8	侍郎	東河	革
598	慶裕	滿洲正白	生員	光緒 8.1	巡撫	漕運－東河	將軍
599	彭祖賢	江蘇長洲	廕生	光緒 8.3	巡撫	（兼署）湖廣	巡撫
600	涂宗瀛	安徽六安	舉人	光緒 8.3	巡撫	湖廣	病免
601	卞寶第	江蘇儀徵	舉人	光緒 9.5	巡撫	（署）湖廣－閩浙	病免
602	成孚	滿洲正紅	廕生	光緒 9.12	布政使	東河	開缺
603	裕祿	滿洲正白	筆帖式	光緒 10.1	巡撫	湖廣－（署）兩江－四川－直隸	卒
604	張之洞	直隸南皮	進士	光緒 10.4	巡撫	兩廣－湖廣－（署）兩江－湖廣－（署）兩江	協辦
605	王加敏	浙江	監生	光緒 10.7	道員	（護）漕運	道員
606	孫鳳翔	山東濰縣	進士	光緒 10.7	布政使	（署）漕運	布政使
607	崧駿	滿洲鑲藍	筆帖式	光緒 11.2	布政使	漕運	巡撫
608	游智開	湖南新化	舉人	光緒 12.5	按察使	（護）四川	布政使
609	劉秉璋	安徽廬江	進士	光緒 12.5	巡撫	四川	到京候簡

610	盧士杰	河南光州	進士	光緒 12.5	布政使	漕運	卒
611	奎斌	蒙古鑲白	道員	光緒 13.4	巡撫	（兼署）湖廣	都統
612	吳大澂	江蘇吳縣	進士	光緒 14.7	巡撫	東河	巡撫
613	李鴻藻	直隸高陽	進士	光緒 14.7	尚書	（暫署）東河	尚書
614	徐文達	安徽南陵	文童	光緒 14.9	道員	（護）漕運	道員
615	王文韶	浙江仁和	進士	光緒 15.6	巡撫	雲貴－直隸	尚書
616	松椿	滿洲鑲藍	生員	光緒 15.7	布政使	漕運	革
617	倪文蔚	安徽望江	進士	光緒 16.2	巡撫	（兼署）東河	巡撫
618	許振禕	江西奉新	進士	光緒 16.2	布政使	東河	巡撫
619	沈秉成	浙江歸安	進士	光緒 16.10	巡撫	（署）兩江	巡撫
620	希元	蒙古正黃	副都統	光緒 17.12	將軍	（兼署）閩浙	將軍
621	鄧華熙	廣東順德	舉人	光緒 20.7	布政使	（署）漕運	布政使
622	譚繼洵	湖南瀏陽	進士	光緒 20.9	巡撫	（兼署）湖廣	巡撫
623	邊寶泉	漢軍鑲紅	進士	光緒 20.10	船政大臣	閩浙	卒
624	王毓藻	湖北黃岡	進士	光緒 20.10	布政使	（護）四川	巡撫
625	岑毓寶	廣西西林	戰功	光緒 20.12	按察使	（兼護）雲貴	布政使
626	鹿傳霖	直隸定興	進士	光緒 21.3	巡撫	四川－兩廣	左都御史
627	崧蕃	滿洲鑲藍	入貲	光緒 21.7	巡撫	雲貴－陝甘－閩浙	召京旋卒
628	陶模	浙江秀水	進士	光緒 21.10	巡撫	陝甘－兩廣	病免
629	劉樹棠	雲南保山	監生	光緒 21.12	巡撫	（兼署）東河	巡撫
630	任道鎔	江蘇宜興	貢生	光緒 22.1	巡撫	東河	巡撫
631	李秉衡	奉天海城	入貲	光緒 23.9	巡撫	四川	緣事解職
632	恭壽	滿洲正白	武將	光緒 23.9	將軍	（兼署）四川	將軍
633	榮祿	滿洲正白	廕生	光緒 24.4	大學士	直隸	大學士
634	奎俊	滿洲正白	筆帖式	光緒 24.5	巡撫	四川	尚書
635	文光	滿洲鑲藍	進士	光緒 24.7	按察使	（護）四川	按察使
636	袁世凱	河南項城	捐納	光緒 24.8	侍郎	直隸	尚書
637	增祺	滿洲鑲白	佐領	光緒 24.9	將軍	（兼署）閩浙－（兼署）兩廣	將軍
638	許應騤	廣東番禺	進士	光緒 24.9	尚書	閩浙	解
639	裕長	滿洲正白	監生	光緒 25.4	巡撫	（兼署）東河	巡撫
640	丁振鐸	河南羅山	進士	光緒 25.10	巡撫	雲貴－閩浙	開缺
641	魏光燾	湖南邵陽	監生	光緒 25.10	巡撫	陝甘－雲貴－兩江－閩浙－湖廣	總督
642	德壽	滿洲鑲黃	舉人	光緒 25.11	巡撫	兩廣－漕運	卒
643	廷雍	滿洲正紅	貢生	光緒 26.7	布政使	（護）直隸	殉難

644	張人駿	直立豐潤	進士	光緒 26.10	布政使	漕運－兩廣－兩江	逃免
645	李廷簫	湖北黃安	進士	光緒 26.10	布政使	（護）陝甘	革
646	何福堃	山西靈石	進士	光緒 26.10	按察使	（護）陝甘	布政使
647	錫良	蒙古鑲藍	進士	光緒 27.4	巡撫	東河－閩浙－四川－雲貴－東三省	病免
648	周馥	安徽建德	司文牘	光緒 27.9	布政使	（護）直隸－兩江－閩浙－兩廣	開缺候簡
649	沈瑜慶	福建侯官	舉人	光緒 27.9	道員	（護）漕運	道員
650	恩壽	滿洲鑲白	進士	光緒 27.9	布政使	漕運	巡撫
651	陳夔龍	貴州貴筑	進士	光緒 27.10	布政使	漕運－四川－湖廣－直隸	病免
652	岑春煊	廣西西林	舉人	光緒 28.7	巡撫	四川－兩廣－雲貴－四川－兩廣－四川	尚書
653	李有棻	江西萍鄉	貢生	光緒 28.9	布政使	（護）兩江	布政使
654	端方	滿洲正白	入貲	光緒 28.9	巡撫	（署）湖廣－閩浙－兩江－直隸－四川	被殺
655	吳重熹	山東海豐	舉人	光緒 28.9	布政使	（護）直隸	布政使
656	林紹年	福建閩縣	進士	光緒 28.11	巡撫	（兼署）雲貴	巡撫
657	崇善	滿洲鑲紅	廕生	光緒 29.3	將軍	（兼署）閩浙	將軍
658	陳璚	廣西貴縣	廩生	光緒 29.3	布政使	（護）四川	布政使
659	李興銳	湖南瀏陽	諸生	光緒 29.3	巡撫	閩浙－兩江	卒
660	陸元鼎	浙江仁和	進士	光緒 29.4	布政使	漕運	巡撫
661	升允	蒙古鑲黃	舉人	光緒 31.1	都統	閩浙－陝甘	開缺
662	松壽	滿洲正白	筆帖式	光緒 33.1	都統	閩浙	自殺
663	趙爾豐	漢軍正藍	疏薦	光緒 33.1	邊務大臣	（署）四川	被殺
664	趙爾巽	漢軍正藍	進士	光緒 33.3	將軍	四川－湖廣－四川－東三省	總督
665	徐世昌	直隸天津	進士	光緒 33.3	尚書	東三省	尚書
666	胡湘林	江西新建	進士	光緒 33.4	布政使	（護）兩廣	布政使
667	李岷琛	四川安縣	進士	光緒 33.7	布政使	（護）湖廣	布政使
668	楊士驤	安徽泗州	進士	光緒 33.7	巡撫	直隸	卒
669	沈秉堃	湖南善化	監生	宣統 1.1	布政使	（護）雲貴	巡撫
670	李經羲	安徽合肥	貢生	宣統 1.1	巡撫	雲貴	逃
671	毛慶蕃	江西豐城	進士	宣統 1.5	布政使	（護）陝甘	布政使
672	長庚	滿洲正黃	縣丞	宣統 1.5	將軍	陝甘	去職

673	那桐	滿洲鑲黃	舉人	宣統 1.5	協理大臣	（署）直隸	大學士
674	袁樹勳	湖南湘潭	文童	宣統 1.5	巡撫	（署）兩廣	病免
675	樊增祥	湖北恩施	進士	宣統 1.5	布政使	（護）兩江	布政使
676	崔永安	漢軍正白	進士	宣統 1.10	布政使	（護）直隸	布政使
677	瑞澂	滿洲正黃	筆帖式	宣統 1.10	巡撫	湖廣	逃
678	楊文鼎	雲南蒙自	舉人	宣統 1.10	布政使	（護）湖廣	布政使
679	王乃徵	四川中江	進士	宣統 2.7	布政使	（護）湖廣	布政使
680	張鳴岐	山東海豐	舉人	宣統 2.9	巡撫	兩廣	逃
681	王人文	雲南太和	進士	宣統 2.12	布政使	（護）四川	布政使
682	王士珍	直隸正定	武備學堂	宣統 3.9	提督	（署）湖廣	病免
683	段祺瑞	安徽合肥	武備學堂	宣統 3.9	軍總統	（署）湖廣	軍總統
684	段芝貴	安徽合肥	道員	宣統 3.9	道員	（護）湖廣	道員
685	張勳	江西奉新	提督	宣統 3.12	提督	（護）兩江	提督
686	張鎮芳	河南項城	進士	宣統 3.12	按察使	（署）直隸	都督

附錄二　總督轄區演變

時代	總督轄區									
順治元年 1644	天津		宣大山西							總河
順治2			宣大山西	陝西三邊	湖廣四川	浙閩		淮揚漕運		總河
順治4	江南江西河南		宣大山西	陝西三邊	湖廣四川	浙閩	兩廣	漕運		總河
順治6	直隸山東河南	江南江西	宣大山西	陝西三邊	湖廣四川	浙閩	兩廣	漕運		總河
順治10	直隸山東河南	江南江西	宣大山西	川陝三邊	湖廣	浙閩	兩廣	湖廣兩廣雲貴	漕運	總河
順治15		江南江西		川陝	湖廣	浙江　福建	兩廣	湖廣兩廣雲貴	漕運	總河
順治18	直隸　山東　河南	江南　江西	山西	陝西	四川	湖廣	浙江　福建	廣東　廣西	雲南　貴州	漕運	總河
康熙4	直隸山東河南	兩江	山陝	四川	湖廣	浙江　福建	兩廣	雲貴	漕運	總河
康熙7	直隸山東河南	兩江	山陝	川湖		浙江　福建	兩廣	雲貴	漕運	總河
康熙8		兩江	山陝	川湖		浙閩	兩廣	雲貴	漕運	總河
康熙9		兩江	山陝	川湖		浙江　福建	兩廣	雲貴	漕運	總河
康熙11		兩江	陝西	川湖		浙江　福建	兩廣	雲貴	漕運	總河
康熙13		兩江　江西	陝西	四川	湖廣	浙江　福建	兩廣	雲貴	漕運	總河

年	直隸	河東	兩江	江西	川陝	四川	湖廣	浙江	福建	兩廣	廣西	雲貴	漕運	總河
康熙 19			兩江	江西	川陝		湖廣	浙江	福建	兩廣		雲貴	漕運	總河
康熙 21			兩江		川陝		湖廣	浙江	福建	兩廣		雲貴	漕運	總河
康熙 23			兩江		川陝		湖廣		福建	兩廣		雲貴	漕運	總河
康熙 26			兩江		川陝		湖廣	閩浙		兩廣		雲貴	漕運	總河
康熙 57			兩江		陝西	四川	湖廣	閩浙		兩廣		雲貴	漕運	總河
康熙 60			兩江		川陝		湖廣	閩浙		兩廣		雲貴	漕運	總河
雍正 1	直隸		兩江		川陝		湖廣	閩浙		廣東	廣西	雲貴	漕運	總河
雍正 2	直隸		兩江		川陝		湖廣	閩浙		兩廣		雲貴	漕運	總河
雍正 3	直隸		兩江	山西	川陝		湖廣	閩浙		兩廣		雲貴	漕運	總河
雍正 4	直隸		兩江		川陝		湖廣	閩浙		廣東		雲貴	漕運	總河
雍正 5	直隸		兩江		川陝		湖廣	浙江	福建	廣東		雲貴	漕運	總河
雍正 6	直隸	河東	兩江		川陝		湖廣	浙江	福建	廣東		雲貴	漕運	總河
雍正 9	直隸	河東	兩江		陝甘	四川	湖廣	浙江	福建	廣東		雲貴	漕運	總河
雍正 12	直隸	河東	兩江		陝甘	四川	湖廣	閩浙		兩廣		雲貴	漕運	總河
雍正 13	直隸		兩江		川陝		湖廣	閩浙		兩廣		雲貴	漕運	總河
乾隆 1	直隸		兩江		川陝		湖廣	浙江	福建	兩廣		雲貴	漕運	總河
乾隆 3	直隸		兩江		川陝		湖廣	閩浙		兩廣		雲貴	漕運	總河
乾隆 12	直隸		兩江		川陝		湖廣	閩浙		兩廣		雲貴	漕運	總河
乾隆 13	直隸		兩江		陝甘	四川	湖廣	閩浙		兩廣		雲貴	漕運	總河
乾隆 24	直隸		兩江	甘肅	川陝		湖廣	閩浙		兩廣		雲貴	漕運	總河
乾隆 25	直隸		兩江		陝甘	四川	湖廣	閩浙		兩廣		雲貴	漕運	總河

光緒 33 年增東三省總督；另河道總督變化不列入本表

附錄三　康熙晚期總督奏摺選錄

1. 兩廣總督趙弘燦奏謝陞授總督並陳兩廣地方情形摺

（康熙四十六年六月二十八日）

　　總督廣東、廣西等處地方軍務，兼理糧餉，兵部右侍郎兼都察院右副都御史，臣趙弘燦謹摺：跪請聖安。竊臣陋質菲材，荷蒙皇上隆恩，陞授兩廣總督。驚聞異寵，感極涕零，實亙古未有之殊榮。聖主特加之曠典，臣即捐糜頂踵，不足仰報深仁。惟有益自奮勵，夙夜兢惕，矢竭駑鈍，以期無負皇上委任至意。伏覩粵東地方，今歲自春徂夏，雨水常調，早穀成熟，見已收穫。偶有近省沿河低田，稍被溪水漲漫，旋即消退，無礙田禾。此皆聖澤無遠勿屆，是以海邦赤子咸慶盈寧也。其粵西百姓偕處僻壤遐方，共戴堯天舜日，安居樂業，巷舞衢歌。臣目擊太平氣象，敢不上達宸聰。再察廣東壹省，山海交錯，從前每有奸歹出沒，仰賴天威遐播，或勦或撫，漸次掃除。邇來海宇已奏清平，惟廣、惠、潮參府，地方遼闊，內多崇山邃谷，每為奸徒托足之區。臣前任提督時，雖將逋誅積賊，嚴行搜捕擒拿，按法究處，然盜竊之風，尚未盡息。因思緝盜之責，應屬武弁；而弭盜之源，端在有司。經臣通飭各府州縣，嚴設保甲，時勤稽察，實力消弭，期于盜息民安，稍答高厚于萬一。至所屬大小各官，臣宣布皇上子惠元元德意，時加勸勉，務使實心實政，竭力撫綏，各盡職守。臣復矢公矢慎，見在細加察訪，內有貪殘酷虐、庸劣溺職，難以姑容者，即當據實特疏科參。又查府州縣官，或有操守廉潔，而鮮理繁治劇之能；或有才堪肆應，而處偏隅簡僻之地。臣于此中，亦酌量地方人才，畧權緩急，請旨調補，俾克各盡所長，獲收人地相宜實效。以仰

副我皇上因材器使之盛心，庶于邊疆有補。然臣務必區處確當，詳愼舉行，斷不敢冒昧從事，致有顧此失彼之虞。區區微忱，總爲海疆起見，伏祈聖主垂鑒焉。臣身居海徼，心戀闕廷，遙望天顏，時時依切。茲特貢廣東土物數件，并脩數物進皇太子，少伸犬馬寸心。統乞皇上慈鑒，爲此恭繕摺子，專差家人賈以誠齎捧謹具奏聞。

2. 閩浙總督梁鼐奏報斬獲寧紹交界夥黨現在確審情形摺
（康熙四十七年正月十六日）

　　總督福建、浙江等處地方軍務，兼理糧餉，兵部右侍郎兼都察院右副都御史臣梁鼐謹奏：爲奏聞事。竊臣以愚鈍菲才，濫膺兩省重寄。地方遼闊，仰遵聖訓，無刻不以消弭奸宄、綏安百姓爲亟務。在浙省，去歲偶有被災處，所幸蒙皇上弘施厚澤，發賑緩徵，併分免今歲丁地、銀糧，業已恩周比戶，兩浙人人得所。惟於去年拾壹月間，寧紹交界縣分，有無知鼠盜之徒，聚眾出沒鄉村，希圖乘間行刦分財，欲往大嵐山、慈谿山內逃竄。臣據提臣咨報，隨即嚴飭地方文武，無分疆界，追捕搜緝去。後其夥黨已旋被官兵擒斬拿獲，現在嚴行確審其行刦聚竄情形緣由。就近撫臣題報外，查爲首之賊犯張士勇與其弟張念二脫逃未獲，臣經飛移浙江提臣，並嚴著各該協營、地方官，設法搜拿，賊首務獲同現賊審題請旨。但念寧紹屬邑乃浙東幅內之區，雖依山竄匿，而兵捕分羅，奸民無所托足，況夥黨已經登時就獲，其奸首亦不難跟究。臣綏遠駐閩省，現在咨催撫臣、提臣，併勒限該管文武刻日密行，搜緝獲究，以盡根株去後。現今地方寧謐，臣謹將獲賊飭緝緣由奏知，伏乞皇上睿鑒，爲此具摺上聞。

3. 閩浙總督范時崇奏爲接閱部文於海面各處搜拏鄭盡心摺
（康熙四十九年十二月十五日）

　　奏，福建、浙江總督，臣范時崇俯伏敬請：皇上聖安。本年十一月二十五日，兵部差撥什庫賴岱齎文到閩。臣接閱部文內開，因海賊鄭盡心在江南、浙江交界之盡山、花鳥，及台州之魚山，臺灣之淡水等處地方存身，議令督撫提鎮，帶領官兵搜緝務獲。准此，除移閩浙兩省撫臣、水陸提臣外，隨即飛檄臺灣鎮總兵官崔相國，會同臺澎兩協水師官兵，前至淡水。逐島逐澳，水陸兼搜。又飛檄黃巖鎮總兵官王文煜，親統官兵前往魚山查拿；另遣舟師

在於洋面兜截。至定海總兵官吳郡，因伊運米來閩，先飛檄該鎮中軍遊擊王珍先，統舟師會同江省官兵兩路夾搜。令吳郡已於十一月三十日運米到泉州府，臣即差催來省，面囑該鎮從陸路回浙，親率舟師，星飛出洋，毋分疆界，協力搜捕務盡。根株是鄭盡心，潛匿之處已有三鎮直抵各島，自難存身。又恐伊聞風逃竄，臣復飛檄兩省沿海各汛，晝夜防範，不使首犯混跡入口，致滋漏網，務在必獲。另行題報外，臣細讀部議，有令督撫提鎮帶領官兵之語，是督臣亦在出洋之列。但兩省之幅員遼闊，封疆重任，若督撫提鎮盡數出洋，時屆歲暮，內地無人，似非持重之計。萬一，首犯一時未獲，遽爾牧師，觀瞻所係，更當籌度。況淡水、魚山，臣境所轄；盡山、花鳥，又係交界道里。既以綿遠南北，難以兼顧，必得居中督催，方克有濟。且臣已具疏，恭請聖訓在案。倘蒙俞允，便得趨覲天顏。此又於國體所關之外，更存犬馬戀主之微忱也。謹具摺，差家人焦德齎進以聞。伏祈皇上批示遵行，臣謹奏。

4. 漕運總督郎廷極奏請以王希舜陞補江安糧道摺

（康熙五十一年十一月二十九日）

漕運總督，奴才郎廷極謹奏：為奏請賢能官員，仰懇睿鑒。事切奴才以庸劣之材蒙主子天恩，陞奴才漕運總督，已經特疏奏謝外，奴才於十一月十七日到任，夙夜思維，仰答主恩。但所轄七省地方窵遠，事務殷繁，必得賢能糧道相與佐理，庶幾漕務整飭，弊竇肅清，徵兌如期，抵通依限，趕運為速。以實天庾，方克盡職。今接邸抄，江安糧道李玉堂因蘇州府任內，承審沈必耀一案，部議革職。奴才查江安糧道所屬十府，漕糈五十餘萬石。而地方既廣，銀米亦多，必須賢能之員，方勝其任。奴才前任江西巡撫時，見南昌府知府王希舜，才能練達，辦事勤慎。在奴才屬下六年，真知確見，實屬賢員，以之陞補江安糧道，必能盡職報稱。奴才以新任漕運，不敢冒昧具題，謹先具摺奏請。倘蒙主子天恩俯允，奴才即繕疏具題。伏乞皇上睿鑒，奴才曷勝惶悚之至。

5. 加直隸總督銜趙弘燮奏謝換給總督關防並報接到日期摺

（康熙五十四年七月二十三日）

總督管理直隸巡撫事務，兵部右侍郎兼都察院右副都御史加玖級又加肆級，臣趙弘燮謹奏：為恭謝天恩，事切臣蒙皇上加授總督職銜，經臣援例題

請換給總督關防,部覆議准,奉旨依議欽遵在案。茲於康熙伍拾肆年柒月貳拾貳日,據提塘陸際盛領。齎禮部鑄給總督直隸等處地方軍務、兼理糧餉關防壹顆到臣,臣隨出郊跪接至署,恭設香案望闕叩頭謝恩,祗受開用訖。伏念微臣以庸材而膺重寄巡撫之任,尚恐力不能勝;前蒙皇上殊恩加臣總督職銜,益覺悚惶;復蒙頒賜敕諭,指示周詳;又蒙允臣援例,題請鑄給總督關防,臣榮幸已極,感激無地。恩遇愈隆,圖報愈難,臣惟有慎終如始,竭盡駑駘,生生世世,永効犬馬,以仰報盛主之高深於萬一耳。所有臣感謝微忱與接受關防日期,除另疏恭謝奏報外,合再具摺叩謝天恩,仰祈睿鑒。

6. 兩廣總督楊琳奏報葡英商船到粵並查問回國洋人情形摺
(康熙五十七年六月二十八日)

奏。兩廣總督奴才楊琳為奏:聞到粵洋舡事,本年五月內,到有大西洋舡二隻。一隻是載葡萄酒、烏木海菜等粗貨;一隻是新兵頭來澳換班,並無貨物,亦無技藝之人。六月內,又到英吉黎洋舡一隻,裝載哆囉嗶吱洋布、番錢等物。又香山本澳彝人回棹洋舡四隻,所載是胡椒、小茴香、檳榔、鹿筋、海菜等項。再,五十五年十月內,奴才接武英殿監修書官伊都立等,奉旨發來紅字票,著用巡撫關防,發與各洋舡上舡頭體面,人帶與西洋教化王去。奴才先問,在粵西洋人,據稱四十五年差往西洋去之龍安國薄賢士二人,於四十六年十二月內,將到大西洋,遭風壞舡淹斃。查已經前撫臣范時崇奏聞在案,今詢據現到之西洋舡上人所言無異。又查問四十七年差往西洋去之艾若瑟、陸若瑟二人下落,據云四十八年十二月內,已到大西洋。陸若瑟於五十年七月內身故;艾若瑟今在大西洋大理亞國。發去紅票,伊等行至小西洋,已見發到彼處。西洋人閱看歡喜,隨後遇有便舡,即帶往大西洋去。又據各西洋人說,先因傳言,未敢輕信,今見紅票,知道旨意,自然就差人復命等語。理合,具摺奏聞。

7. 署湖廣總督滿丕等為遵旨議奏湖北布政使虧空銀兩事摺
(康熙五十八年正月初十日)

奏。署湖廣總督奴才滿丕、巡撫奴才張連登謹奏:為遵旨議奏事,竊照湖北布政使張文燦虧空銀兩,經湖北撫臣張連登具摺請旨。奉御批:此事甚有關係,當同總督確議速奏。欽此。欽遵,奴才等查得布政使張文燦虧空庫

銀，皆由聽信家人劉三濫用，以致缺欠拾伍萬兩有奇，當經查出追完銀伍萬陸千兩。又於伍拾柒年拾壹月貳拾柒日，撫臣摺奏之後，續經追出銀壹萬陸千兩，實在虧空銀柒萬捌千兩零。今奴才等議得，將家人劉三監禁嚴追；并將文燦所得平銀及奴才與撫臣衙門羨餘以補庫項，年終可保全完。但藩司一官，爲錢糧總匯，似此懦弱之員，理應題參，第恐一經離任，錢糧不能完補，以致庫項虛懸。仰懇皇恩，暫寬參處，統俟補完庫項之日，再爲請旨定奪。但收放錢糧最爲緊要，今查湖北糧儲道許大定，老成練達，殊堪委托。其一應司庫出入錢糧，著令該道監收監放。奴才等仍不時嚴加稽察，務於年終庫項必得清楚矣。爲此具摺，差家人黃壽、王弘仁賫捧謹奏伏乞皇上批示遵行。

8. 四川總督年羹堯爲再陳進兵西藏兵數等情摺

（康熙五十八年正月十三日）

奏。四川總督加三級紀錄三次臣年羹堯，爲再陳進勦兵數，仰祈睿鑒。事欽，惟我皇上德威遠播，萬國來同。而澤凵喇布坦獨阻聲教，又令其黨虐擾西藏，則今年進勦勢不可緩。臣擬於松潘，用滿兵一千名、漢兵二千名與西寧大兵合勢；打箭爐，亦用滿兵一千名、漢兵二千名與雲南大兵合勢。又兩路護運漢兵一千名，四路進勦，賊必難支等。因摺奏已經議政大臣議准，奉旨俞允在案。今於正月十二日准西寧統兵議政大臣都統臣延信等，咨移摺奏川兵進勦情由，令臣酌奪預備。但其原摺字多，不敢全敘。臣再四翻閱，如所奏。松潘、打箭爐兩處進藏道路，遠近險易，言之甚悉，與臣所聞無異，大約皆須六十餘日而至招地。又言西海一帶，傾信虎畢爾漢與唐古特民人柔弱，惟見兵勢強大，即爲歸順，實爲切中外彝之肯要。但臣身任封疆，就川言川，講問亦非一日，不敢徒爲臆度之說。蓋自古用兵，不患兵少而患不精；不貴兵多而貴教練。若教練之精兵，雖少可以勝眾。臣查川省額兵三萬有奇，除大小各官、親丁坐糧，現兵不滿三萬。倘松潘必用兵六千，打箭爐必用兵一萬，除滿兵外，應調綠旗兵一萬四千。而內地土司番蠻要隘，不得不留兵防守。是將通省調集，而路遠者須一月，至省又十餘日。而至松潘與打箭爐，山路崎嶇，人疲馬瘦，又安望其深入而致力也。臣是以現在教練止議，就近調遣，務選精銳。兩路滿漢與護運兵共七千名，軍聲不爲不振，此臣之可保其必能制勝者也。如務在兵多，勢將湊派充數，疲弱之兵，適足爲累。況自備兵以來，購馬甚難，即使調兵過萬，安所得馬。又打箭爐以外，無如此寬

廠之地，可容萬兵安營之處。至打箭爐進兵，由裡塘，由巴塘，由乍丫，由
乂木多，由擦瓦岡，由書班多，而至招地，此南路也。道迂山險，蠻客往來，
皆由此路者。因利沿途居民，為換買口糧，僱覓馱腳之故。又自打箭爐，由
霍耳，由得爾革，由春科兒，由詔烏隆，由春科納魯，由索克贊丹滾廟，由
那出，而至招地，此北路也。路平近有水草少居民，雖云無柴，而皆言牛馬
糞可燒。臣慮人言難信，已於正月初九日，遣能事者前往查探，限其七十日
往回，當亦不悮出兵之期。但打箭爐以外，並無駱駝，即北道亦有山路，不
利駝隻。巴塘雖有米糧，所產不多，近遣人試買，價甚昂貴。若謂多帶銀兩，
沿途買食，恐大兵經由非可買糧待炊，藉使可買亦必不敷。以臣愚見，兵丁
之馬，除馱載帳房軍器，並本身應用物件外，止能裹帶兩個月口糧，多不過
三個月，折給一個月羊價，其餘兩個月口糧，隨軍運送，可保無虞。計算滅
賊日期，亦已有餘。倘以護運兵少，添調漢兵一千，當無不足矣。再查裡塘、
巴塘、結當，原係雲南麗江土府所管。吳逆叛時，為已故親王扎什巴圖魯所
取，後恐內地清查，遂布施與達賴喇嘛。若由麗江之中甸至巴塘，較川省為
近，此臣前摺所謂必用雲南之兵與川兵合勢者也。惟是西海王貝勒以下，率
皆觀望拉薩被圍，無一救者；會議出兵，無一行者。川省全用西海馬匹，各
以備兵為名，不令一馬入口。現今巴爾喀木沿途有名地方，皆西海各部落交
納差事之處碟巴大克，咱將舊有之營官堪布，悉用心腹之人換替，而西海王
貝勒等竟無言者。待以羈縻，施之駕馭，則無不可；若與我兵同行，竊恐賊
人反得知我動靜。臣意必不可使西海之蒙古兵與打箭爐之大兵會合，致生事
端。惟滇蜀兩路合勢，則軍威自倍，進至那出，四路之兵，聲勢相連。蓋那
出，即哈拉烏蘇之下渡口也。臣更有請者，進兵之時，惟祈天語申諭領兵大
臣，戒戢官兵，嚴加約束，所過秋毫無犯，法在必行。而又以虎畢爾漢坐床
之說，聳動眾心，則唐古特悉我赤子，傾心歸順，其於滅賊，何難之有。臣
又聞，拉薩之為藏王，苦累民人，失其眾心，賊人因此得取其國而用其民。
西海諸王皆古什汗子孫，以其故地，不無覬覦。若聖主選封一人為藏王，使
領兵同進，則彼自為戰，亦制勝之權宜。臣謹依都統臣延信所奏，逐一敷陳，
而參以狂瞽之見。臣何人，斯敢言及此，實以聖恩優渥，兵事所關重大，凡
有所知，無不吐露，冒死甘罪，上陳天聽。若夫川省進兵，所用軍器，除前
奏請藤牌外，臣已捐造鳥鎗三千桿、腰刀三千口、長柄片刀五百把、鈎連鎗
二百桿、短斧一千柄、檯木二百架，火藥鉛子足用。臣皆親試，無不犀利，

現在發給預備各兵操練，惟子母砲一項，川省無製造，匠人雖將舊有砲位修理試演，不敢恃爲軍中長具。此皆臣分所應辦，本不當仰瀆宸聰，緣都統臣延信等摺內議及，用敢附奏。統祈睿鑒，批示遵行。

9. 署理雲貴總督高其倬奏報雲貴衙門規禮情形摺

（康熙六十一年六月二十八日）

署理雲貴總督事務，奴才高其倬謹奏：爲奏聞事。奴才仰荷聖恩，命署理雲貴總督事務，所有衙門規禮，應據實奏聞。查貴州一省，一年地丁等項八萬於兩。奴才衙門向無布政司平規府州縣，亦不送節禮；惟布政司、按察司、貴東道三處，一年節禮共一千二百八十餘兩，奴才俱不收受。雲南一省，司道府州縣，每年節禮通共二萬一千四百餘兩。此項銀兩，不但不應收受，奴才看雲南州縣官舊習，每借上司名色科派，奴才正在查禁之始，若不使之曉然明白，終恐借此影射，奴才已經當眾公諭不收。再奴才隨丁糧，一年可剩銀一千六百兩，奴才已支捐本標盔甲。又雲南布政司地丁等項兌收銀二十餘萬兩，每年有奴才平規三千餘兩。鹽政雖係巡撫衙門專管，一年亦送奴才規禮一萬三千兩。又秤頭銀四千兩。奴才查奴才衙門，現今一年自備私自賞給往藏官員、兵丁，及一切捐幫、軍需等項，不下九千兩。奴才將鹽規一項公貯備用，若有餘剩，奴才併布政司平規、鹽道、秤頭之七千兩，懇乞聖恩，欲留爲賞給標兵及養贍家口之用。奴才不敢擅便，謹具摺請旨。

10. 署理兩江總督高其位奏謝賞賜鹿肉條摺

（康熙六十一年九月二十四日）

署理江南江西總督印務，提督江南總兵官奴才高其位謹奏：爲恭謝天恩事，康熙陸拾壹年玖月貳拾參日，據奴才家人陳緒自行在，齎捧主子賞賜奴才鹿肉條參拾貳束；至江寧，奴才伏道跪迎；至公館，恭設香案望闕叩頭謝恩。訖竊奴才虛糜廩祿，安居腹裏，不能與侍從諸臣天顏執鞭扶鐙，伏聽驅使。乃念歲歲頒賜鹿肉乾條，奴才外沐寵榮，內實愧感。廚烹餁薦之祖考，乃分給同城文武，以榮聖賜外。爲此具摺，專差提標把總張雲龍家人高忠，敬謹齎捧恭謝天恩。謹具奏聞。

附錄四　清代總督內部組織

壹、本　官

一、沿　革

　　總督成為官名，肇置於明代中葉，但早在南北朝時，就有總督一詞，當時作動詞用，有監察督導之意，如《晉書‧前秦》載記王二表曰，總督戎機，胡三省通監注曰，總督戎機，猶都督中外諸軍事也。另《魏書‧李崇傳》，《北齊書‧斛律金傳》，《周書‧文帝紀》及《陳書‧蕭摩訶傳》等，文中俱有「總督」字。〔註1〕

　　明初，地方設有承宣布政使司、提刑按察使司及都指揮使司，俗稱藩司、臬司及都司，三司分掌一省之民政、刑名及軍政，三權分立，遇重大事務由三者會商處理，各官品秩以都指揮使最高，正二品，布政使從二品，按察使正三品。〔註2〕

　　布政使原為一省行政長官，自明初懿文太子巡撫陝西，〔註3〕始有巡撫之名。明宣宗時，巡撫成為正式官名，所轄區域，有一府，有數府，或全省，但仍未普遍設置。明景帝使巡撫加都御史銜，其職仍側重監察，但逐漸變為一省的行政長官，高居布政使之上，統轄三司。〔註4〕

　　總督成為官名，較巡撫晚，明初，有軍事情況，命京官總督軍務，乃因

〔註1〕永瑢《歷代職官表》，卷五十，頁436。
〔註2〕《明史》，卷七五，志五一，職官四。
〔註3〕《明史》，卷一百十五，列傳三，興宗孝康皇帝傳。
〔註4〕至清代，巡撫與布政使同為從二品，但巡撫皆加侍郎銜，職權亦主管民政、財政，布政使職權遂為其所奪。

事而設，事畢旋罷。明孝宗弘治十年（西元 1497 年），以左都御史王越總督陝西、甘肅、寧夏軍務，此時總督尚非官名，王越官職仍爲左都御史。〔註5〕明世宗嘉靖二十九年（西元 1550 年），始置總督大臣一員，控制薊遼保定等處地方，總督始成正式官名。〔註6〕

滿清入關，政治制度仍爲明舊，地方行政仍是省、道、府、縣四級制，另有與府、縣相等的州或廳。〔註7〕清代巡撫一省一員，故變動較少；總督則設置無常，主要乃轄區容易因軍事任務而改變。乾隆以後，國勢底定，總督設置也漸固定。〔註8〕

二、官　名

清代，總督爲文官正二品。但實際官階卻因人而異。因爲清代官職複雜，任職方式有實授，有兼署，還有代理、協辦等。〔註9〕故必須知其全官銜，才能確定其官品。

而最重要的爲總督之加銜制度，由於總督爲朝廷派至地方辦理軍務，監察吏治之代表，故必須加京官銜，以示中央統治之權。

順治時期，加銜未成定制，加何銜隨朝廷視人而定，一般在行政官銜上，由於和軍政有關，都加兵部尚書或兵部左右侍郎銜，在監察官銜方面，則繫都察院右都御史、右副都御史或右僉都御史銜爲多。〔註10〕

以下二表乃根據不完全之數字，所作約略的統計，以見清初順治時期總督加銜制之大概狀況。

圖表1　順治朝任總督時加中央行政官銜人數約計〔註11〕

官　　銜	人　次	百分比
加兵部尚書銜	15	50.00
加兵部左侍郎銜	3	10.00
加兵部右侍郎銜	12	40.00
總　　計	30	100.00

〔註5〕　《明史》，卷一百七一，列傳五九，王越傳。
〔註6〕　《明史》，卷七三，志四九，職官二。
〔註7〕　《光緒朝欽定大清會典》，卷四。
〔註8〕　參考附錄二〈總督轄區演變〉。
〔註9〕　《光緒大清會典》，卷七。
〔註10〕　《清史稿》，卷一百二三，志九八，職官三。
〔註11〕　《清世祖實錄》，順治元年至順治十八年，各總督補授實錄。

圖表2　順治朝任總督時加中央監察官銜人次約計〔註12〕

官　　　銜	人　次	百分比
加右都御史銜	5	15.63
加左副都御史銜	3	9.37
加右副都御史銜	21	65.63
加右僉都御史銜	3	9.37
總　　　計	32	100.00

　　上列數字，自不過是一種不完全的約計，因爲在《清世祖實錄》中，有些無表示出任總督時所加之官銜爲何。但即就不完全的約計看來，加中央行政官銜方面，兵部尚書和兵部左右侍郎各佔一半，比重一樣。而在加中央監察官銜方面，以加右副都御史銜最多，約佔三分之二左右。

　　另一項統計，加右都御史銜者，其定加兵部尚書銜。但加兵部尚書銜者，則不一定加右都御史銜。如順治十年（西元 1653 年），大學士洪承疇以大學士原銜經略湖廣數省，總督軍務，雖加兵部尚書銜，但以其正一品官的崇高地位，在監官加銜中，只加右副都御史正三品銜。〔註13〕故清初加銜制尚未固定。

　　自康熙以後，清代官制漸穩定，加銜亦逐漸演成定制，但各朝仍有變化，分別依朝代敘如下：

（一）康熙三十一年（西元 1692 年），議定總督加銜制。〔註14〕

1、總督由各部侍郎補授者，原係左侍郎改兵部左侍郎，原係右侍郎改兵部右侍郎，以上均另兼都察院右副都御史。

2、總督由巡撫補授者，應升爲兵部右侍郎兼都察院右副都御史。

（二）雍正元年（西元 1723 年），議定各省總督兼銜制。〔註15〕

1、川陝總督統理陝西、甘肅、四川三省事務，控制番羌；兩江總督統理江蘇、安徽、江西三省事務，地連江海，俱應授爲兵部尚書兼都察院右都御史。

〔註12〕同上註。

〔註13〕《清世祖實錄》，順治十年五月庚寅，洪承疇陞太保兼太子太師、內翰林國史院大學士、兵部尚書兼都察院右副都御史，經略⋯⋯。

〔註14〕《清史稿》，卷一百二三，志九八，職官三。

〔註15〕傅宗懋《清代督撫制度》，國立政治大學政治研究叢刊第四種，1963 年出版，頁 63。

2、其餘各省總督，如由各部尙書及左都御史奉特旨補授者，俱爲兵部尙書兼都察院右都御史。如由各部侍郎以及別項官員補授者，俱爲兵部右侍郎兼都察院右副都御史。

（三）乾隆十三年（西元 1748 年），又議定總督加銜制。〔註 16〕

1、嗣後大學士兼管總督者，著帶大學士銜；其協辦大學士兼總督者，不必仍帶協辦大學士銜。

2、又諭，查定例，川陝總督及兩江總督，不論由何項官員補授，俱爲兵部尙書兼都察院右都御史。

（四）乾隆十四年（西元 1749 年），再議定總督加銜制。〔註 17〕

1、凡直省總督，一體加都察院右都御史銜。如此皆成從一品。〔註 18〕

2、河道總督及漕運總督，同巡撫授都察院右副都御史銜。

3、至於應否加兵部尙書或侍郎銜，應由吏部請旨定奪。

（實際上此後總督例加兵部尙書銜，但漕運總督及河道總督，並無地方之責。高宗認爲其與各省總督不同，況又有由道員升署及簡擢，初任之員，若一例加銜，未免太優，不可不量爲區別。故諭旨，嗣後漕運總督及河道總督，俱授兵部右侍郎兼都察院右副都御史銜）。〔註 19〕

（五）嘉慶十四年（西元 1809 年），再定總督加銜制。〔註 20〕

嗣後凡以二品頂戴爲總督者加兵部侍郎銜，俟加恩給與頭品頂戴，再由吏部奏兼兵部尙書銜。

（六）光緒三十二年（西元 1906 年），中央官制改訂，總督加銜亦隨之改名銜。〔註 21〕

中央兵部改陸軍部，以陸軍部尙書爲總督加銜，至宣統二年（西元 1910年）停。

三、輿　服

清代官儀融合滿漢爲一體，頗有其特色，尤其正遇上中西全面接觸之際，

〔註 16〕《清史稿》，卷一百二三，志九八，職官三。

〔註 17〕同上註。

〔註 18〕原書缺漏。

〔註 19〕永瑢《歷代職官表》，卷五九，頁 499。

〔註 20〕《欽定大清會典事例》，卷二十。

〔註 21〕《清史稿》，卷一百二三，志九八，職官三。

更被視爲中國文化之代表。清輿服規定甚爲嚴明，體制詳密清楚，不得僭越。現依服飾、關防及儀從，來看總督官儀。

（一）服　飾

總督雖列正二品文官，但任職總督者，其官品卻有不同。有正一品者，如大學士留任；亦有降三品頂戴署理者；還有武官兼署者，如駐防將軍兼署總督。而清代官服乃視其文武、官品而定，非有固定總督之服飾。

現將文官一、二、三品及武官一、二品之朝冠、吉服冠、朝珠、朝帶及補服等服飾規定分述如下：

1、文官一品朝冠，頂鏤花金座，中飾東珠一，上銜紅寶石。

夏朝冠前綴舍林，飾東珠一，後綴金花，飾綠松石一。

吉服冠，入八分公頂用紅寶石，未入八分公用珊瑚，皆戴雙眼孔雀翎、端罩紫貂爲之，月白緞裡。

朝珠一，絛用石青色。

朝帶鏤金銜玉方版四，每具飾紅寶石一。

補服前後繡鶴，惟都御史繡獬豸。〔註22〕

2、武官一品，補服前後繡麒麟。

餘皆如文官一品。〔註23〕

3、文官二品，朝冠多用薰貂，十一月至上元用貂尾，頂鏤花金座，中飾小紅寶石一，上銜鏤花珊瑚。

吉服冠頂亦用鏤花珊瑚。

補服前後繡錦雞。

朝鏤金圓版四，每具飾紅寶石一。

餘皆如文官一品。〔註24〕

4、武官二品，補服前後繡獅。

餘皆如文官二品。〔註25〕

5、文官三品，朝冠頂鏤花金座，中飾小紅寶石一，上銜藍寶石。

吉服冠頂亦用藍寶石。

〔註22〕《清史稿》，卷一百十，志八五，輿服二。
〔註23〕同上，文武一品官，除文官補服繡鶴，武官繡麒麟不同外，其餘朝冠、吉服冠、朝珠、朝帶等服飾皆相同。
〔註24〕同上，文二品官除朝珠同一品官外，餘朝冠、吉服冠、朝珠及補服皆相異。
〔註25〕同上，文武二品官，除文官補服繡錦雞，武官繡獅不同外，其餘服飾相同。

朝帶鏤金圓版。

補服前後繡孔雀，惟副都御史及按察使前後繡獬豸。

餘皆如文官二品。〔註26〕

（二）關　防

關防為總督衙門職責之代表，上奏朝廷題本，必須蓋關防。另公務往來或發佈命令、公告等，皆不能缺關防、總督遞嬗，關防必須交接。如總督離職或出差，關防必須有人護印。故護理印務亦有代理總督決行之權。總督在衙門派有監印委員管理印務。〔註27〕

關防規格亦有詳細規定，總督為銀關防，長三寸二分，闊二寸，具滿、漢文、尚方大篆。直隸總督、陝甘總督及四川總督，鐫兼巡撫字樣。〔註28〕

（三）儀　從

總督為封疆大吏，儀從顯赫。

康熙七年（西元1668），定外官儀從、總督，杏黃撒二，金黃棍二，青旗八，青扇二，兵拳二，雁翎刀二，獸劍二，銅棍二，皮槊二，旗槍四，迴避、肅靜牌各二。〔註29〕

凡二品以上大臣陛見到京，入景運門，帶從官一人。〔註30〕

以上直省總督、河道總督及漕運總督皆相同。

四、爵　位

封爵，清朝又名為世職，與官品有別。官品有職有權，爵位只是酬勳的稱號，有俸祿，沒有職權。封爵可分為兩類，一為滿洲的親王宗室，一為一般的功臣世爵，在此謹討論的和總督較有關的功臣封爵。〔註31〕

一般異姓功臣的封爵，清初僅有八等，後來增至二十六等，初用滿洲名號，後來一律用中國的傳統名號。順治元年（西元1644年），以公、侯、伯世爵加封功臣，尚無子、男之爵。順治四年（西元1647年），改按班章京為精奇尼哈番，梅勒章京為阿思哈尼番，扎蘭章京為阿達哈哈番，牛彔章京為

〔註26〕同上。文三品官除朝珠同二品官外，餘服飾皆相異。

〔註27〕織田萬《清國行政法汎論》，金港堂書籍株式會社，1953年出版，頁438。

〔註28〕《清史稿》，卷一百十一，志八六，輿服三。

〔註29〕《清史稿》，卷一百十二，志八七，輿服四。

〔註30〕同上註。

〔註31〕《光緒大清會典》，卷十二。

拜他喇布勒哈番，半個前程爲拖沙喇哈番。如順治朝曾任浙閩總督及直隸山東河南總督之張存仁，曾授一等精奇尼哈番和拖沙喇哈番。〔註32〕

乾隆元年（西元 1736 年），改滿文爵名爲漢字，精奇尼哈番改爲子爵，阿思哈尼番改爲男爵，阿達哈哈番爲輕車都尉，拜他喇布勒哈番爲騎都尉，拖沙喇哈番爲雲騎尉。此外，再加公、侯、伯及恩騎尉，即爲五等爵，四等世職，如雍正朝雲貴總督鄂爾泰，以平苗功，授一等伯爵，世襲。〔註33〕乾隆朝雲貴總督明瑞，經略征緬甸軍務，封一等誠嘉毅勇公。〔註34〕

一般而言，總督立有大功，均封公、伯以上爵位。

五、俸　祿

爵位表示身分的貴賤，俸祿則表示官階的高低。

清初對於在京在外文武官員的俸祿，雖有規定，但時而改變。

順治元年（西元 1644 年），題准漢文武官員的俸給柴直銀兩，總歸戶部頒發，總督爲文官正二品，實支一百五十二兩一錢七分六釐。〔註35〕

順治四年（西元 1647 年），議准在外文職，照在京文官按品級支給俸銀外，總督歲另支薪銀一百二十兩，蔬菜燭炭銀一百八十兩，心紅紙張銀二百八十八兩，案衣家伙銀六十兩。〔註36〕合計順治初年，總督每歲應可支領八百兩銀左右。

但到了順治九年（西元 1652 年），裁案衣雜物銀。順治十三年（西元 1656 年），裁薪銀與蔬菜燭炭銀。康熙九年（西元 1670 年），又裁心紅紙張銀。〔註37〕總督只能支領依規定的官品正俸了。

官俸制定在順治十三年（西元 1656 年），凡在外文官俸銀，同京官一例，按品級頒發，不給恩俸，不給祿米。〔註38〕總督爲正二品，只支俸銀一百五十五兩。如加兵部尚書或右都御史銜，則爲從一品，可支領一百八十兩。〔註39〕

總督爲封疆大吏，各項辦公支出，如賑助賞犒、幕賓脩金等，開銷極大。

〔註32〕《清史稿》，卷二百四四，列傳二四，張存仁傳。
〔註33〕《清史稿》，卷二百九五，列傳七五，鄂爾泰傳。
〔註34〕《清史稿》，卷三百三四，列傳一百十四，明瑞傳。
〔註35〕《清朝文獻通考》，卷四二，國用四，頁 5244。
〔註36〕莊吉發《清世宗與賦役制度的改革》，頁 186-87。台北：臺灣學生書局，1985 年。
〔註37〕《清朝文獻通考》，卷四二，國用四，頁 5245。
〔註38〕《欽定大清會典事例》，卷二百五一。
〔註39〕《欽定大清會典事例》，卷二百四九。

且總督官品尊崇，身家必眾，例如雍正朝川陝總督年羹堯，降調杭州將軍時，〔註40〕其隨從男女不下千餘人。〔註41〕除養贍家口及日用盤費，自飲食衣服、輿馬僕從等費用浩繁，故實無法以此區區一百多兩俸銀養活家口。

因總督之俸給不足以支付開銷，所以便以種種方式向所管轄的官衙或商人等，索取必要的經費。

總督巡撫取資於道府，道府取資於州縣，上司索取無窮，下屬巧於逢迎，科派民間，侵用錢糧，上下相蒙。

下屬以附加稅的名義，向百姓徵收耗羨，把相當於賄賂的陋規送給上司，剩下的就中飽私囊了。

為了整頓吏治，清初順治、康熙兩朝七十餘年的陋規，到了世宗雍正皇帝決定將之合理化，以限制他們任意向百姓索取錢財，而又能保障官吏之生計，與地方衙門的各種開支，那就是養廉銀制度了。〔註42〕

世宗雍正皇帝計畫支給養廉銀的時候，原含有濃厚的職階制的意味。即使同為總督，也因人因地而異，所支付的養廉銀數額並不相同。雍正皇帝相信政治是由上而下的，只要選擇有能力者為總督等高級官吏，並給予足夠的待遇，就能上行下效，而把政治辦理完善。因之，他不以年資或官品，而是以職務繁簡及環境變化或個人能力等因素，來決定養廉銀之多寡的。〔註43〕

現以下表，來看雍正朝各地總督養廉銀的差異。

圖表 3　雍正朝各省養廉銀額一覽表〔註44〕

省　別	年　分	銀額（兩）	總督人物
湖廣	2	30,000	
雲貴	3	26,000	高其倬
	6	17,000	鄂爾泰

〔註40〕佐伯富著，鄭樑生譯《清代雍正朝的養廉銀研究》，頁 4。台北：臺灣商務印書館，1976 年。

〔註41〕同上。

〔註42〕《清世宗實錄》，雍正十三年六月乙亥，世宗認為養廉制度，使吏治稍得澄清，閭閻咸免擾累，此中利益，乃內外之所共知共見者。

〔註43〕佐伯富《清代雍正朝的養廉銀研究》，頁 109。

〔註44〕莊吉發《清世宗與賦役制度的改革》，頁 194。雍正五年九月，世宗批覽宜兆熊奏摺後批諭指出總督養銀七千兩之說皆李維鈞（前直隸總督）詐名所為，直隸總督應給銀二萬兩，由署直隸總督宜兆熊及協理直隸總督劉師恕各領一萬兩。

兩廣	4	9,000	楊文乾
	7	26,000	
直隸	5	20,000	宜兆熊、劉師恕
川陝	5	30,000	
浙江	8	13,000	程元章
	12	13,000	李衛
兩江	9	22,000	高其倬
四川	10	12,000	
福建	10	16,000	郝玉麟

　　從前表可知，各省總督之間養廉銀額有很大的差距，即使同地總督，也因人員與年代之不同而有很大的差異。例如雲貴總督高其倬，雍正三年（西元 1725 年），其獲養廉銀二萬六千兩。而雍正六年（西元 1728 年），鄂爾泰任雲貴總督時，卻只支一萬七千兩。這並非鄂爾泰才能不如高其倬，可能鄂爾泰是雍正朝三大總督之一，〔註45〕為出身滿族的名臣，生活較樸素，雍正皇帝想向世人顯示他的公平，不對他的股肱之臣有特別待遇，或是當時雲貴地區的政治已上軌道，而不須支給那麼多的養廉銀了。〔註46〕

　　乾隆以後，養廉銀額制度化了，各地總督養廉銀額有了定數，以下為《戶部則例》所載，各地總督之養廉銀額表。〔註47〕

　　圖表 4　乾隆朝以後總督養廉銀額一覽表

總　　督	養廉銀額（兩）
陝甘	20,000
雲貴	20,000
兩江	18,000
直隸	15,000
湖廣	15,000
兩廣	15,000
閩浙	13,000
四川	13,000
漕運	9,520
南河	8,000
東河	6,000

〔註45〕雍正朝三大總督為雲貴總督鄂爾泰、浙江總督李衛及河東總督田文鏡。
〔註46〕佐伯富《清代雍正朝的養廉銀研究》，頁 109。
〔註47〕承啟、英傑等纂《欽定戶部則例》，卷七五及卷七六。

雖然養廉銀額較總督那不足二百兩，且常因被罰俸，〔註48〕而事實上並不支領的正俸比起來，超過百倍之多。但這和以前的陋規收入比較，又僅及陋規的五分之一到七分之一，〔註49〕所以雍正皇帝並未徹底禁止陋規，而尚留有若干伸縮性的餘地。

當然，雍正、乾隆兩朝乾綱獨斷，且初辦耗羨歸公，各官養廉大致尚能照支。後來乃逐漸加以侵銷，如修繕衙署經費，即由各官養廉內扣付，遇有軍需、工程、同僚虧空等事，也指令官員捐廉歸補，甚至攤捐一空。〔註50〕所以到了嘉慶、道光以後，養廉制度多半有名無實了，故陋規仍照舊盛行於官場。

至清末改發給各官公費。宣統二年（西元 1910 年），規定京官外官每年公費，總督繁缺二萬四千兩，簡缺二萬兩，但未實施，清廷已亡。

貳、僚　屬

總督又稱制軍、制臺，或以號之首字加於帥字上，曰某帥，爲地方最高軍政長官。受其指揮監督之地方文官，有布政、按察二使及布政、按察二司以下之各級官員；〔註51〕受其節制指揮之武官，有提督、總兵等綠營將領。但這些文官武將，並非設於總督衙署內，只能稱之爲廣義上之間接僚屬，狹義上之直接僚屬應爲總督衙署內，實際之輔助人員。〔註52〕

總督爲單獨處理政務之官，在官制上，並無任何輔助官，惟在實際上，則轄有督標、胥吏、幕友及長隨等輔助人員。〔註53〕前兩種爲建制人員，後兩種爲非建制人員。

上面所述爲直省總督之僚屬，另河道及漕運總督亦各有其僚屬，現依次

〔註48〕《光緒大清會典》，卷十一。

〔註49〕佐伯富《清代雍正朝的養廉銀研究》，頁 137。

〔註50〕何烈《清咸・同時期的財政》，頁 77～78。國立編譯館中華叢書編審委員會，台北，1981 年。

〔註51〕魏秀梅《從量的觀察探討清季督撫的人事嬗遞》，台北中央研究院，近代史研究所集刊，第四期，頁 260。

〔註52〕織田萬《清國行政法汎論》，頁 437～438。

〔註53〕織田萬將總督衙門補助人員分爲三類。一爲六房書吏；二爲幕友；三爲職員。職員又分六種如下：（一）中軍副將；（二）武巡捕；（三）戈什哈；（四）文巡捕；（五）監印委員；（六）收呈委員。以上補助人員之區分乃以所負工作性職而分類，並非以身分職務來分類。

分述如下：

一、直省總督之僚屬

（一）督　標

總督衙門之護衛兵營，日督標中軍，設一副將為總督統理營務者，亦可說是總督衛兵司令官，〔註 54〕所轄兵力為二至數營，各地不同。各營兵額亦不同，有上千人之營，亦有二百人之營。如順治十年（西元 1653 年），定兩廣總督標兵分五營，中營設將領八，左、後、前、後營共將領八，兵凡五千。〔註 55〕又如順治十六年（西元 1659 年），設雲貴總督，標兵分中、左、右、前四營，中營設將領八，餘三營將領八，兵凡四千。〔註 56〕

督標兵員為綠營兵，乾隆以後各處總督督標營數成為定制，分述如下。直隸四營；兩江二營；閩浙三營；湖廣三營；陝甘五營；四川三營；兩廣五營；雲貴三營。〔註 57〕

清中葉綠營漸衰，同治中興以後，疆臣列帥，懲前毖後，漸改練勇巡防之制，〔註 58〕於是團練代替綠營為督標兵員。

（二）胥　吏

胥吏並非任命之職官，亦非市井之徒，而是介於官民間之一種流品，為總督衙門不可或缺的事務人員。

清制，外吏有四種，一為書吏，二為承差，三為典吏，四為攢典。其中總督所屬，僅有書吏及承差兩種。〔註 59〕

胥吏之職務，為奉命處理例行之事務，其範圍定限於房科之事，以簿書、案牘、會計為主。

不論書吏或承差，皆為土著之人，可協助總督和地方百姓溝通，因總督有迴避本籍之規定，〔註 60〕另幕友及長隨也非本地人，胥吏因此常形成系統之惡勢力，弄權舞弊。此為清代地方各級政府，所共有之毛病。

〔註 54〕織田萬《清國行政法汎論》，頁 437。
〔註 55〕《清史稿》，卷一百三十八，志一百十三，兵二。
〔註 56〕《欽定大清會典事例》，卷五百五十五。
〔註 57〕《清史稿》，卷一百三十八，志一百十三，兵二。
〔註 58〕同上。
〔註 59〕《欽定大清會典事例》，卷一百四十八。
〔註 60〕魏秀梅《清代任官之籍貫迴避制度》，台北中央研究院，近代史研究所集刊，第十八期，頁 1～36。

胥吏名額有定，且不隨總督遞嬗而進退。其進退有程，更期爲五年，五年役滿者，孟秋之月，總督彙其已滿之吏而考焉。內容試以告示申文各一，取無過十之五，如錄取不足時，有當差勤愼，文理通明者，亦准錄取。考試成績，列一等者爲從九品，二等爲未入流，咨部給照，遂註冊入於銓選。〔註61〕

書吏之員額有定，各省總督所屬之員額如下。直隸三十二員；兩江三十員；閩浙五十九員；湖廣二十員；陝甘四十六員；四川四十六員；兩廣三十四員；雲貴三十四員，以上合計三百零一員，平均每位總督有書吏三十七‧六三員。〔註62〕

欲以此少數之吏辦諸等繁雜役務，其爲不足佐治，不問可知，故通常均有超額，至前面會典所謂經制定額不容冒濫之規定，自始即成具文。

雍正時河南山東總督田文鏡即日：

> 若按經制額定之數，每名再添一人，則各衙門不過寥寥數人，安能辦公無誤。即如臣衙門經制書吏上下兩班，每班十名，共二十名。今現在辦事書吏頭班、二班俱有百餘名，是較經制十倍有餘，事務殷繁，尚苦趕不及。若以一正一副計算，每班不過二十，以百餘人辦理不及之事，而欲責於一、二十人，其可得乎？（覆陳書役不必定額疏）

如此，即使再添副手，仍難敷用，惟有經制外，巧立名目，如每於額設吏役之下，空掛一名，書吏則爲貼寫、爲掌案；下役則曰幫役、白役之情形，視爲當然。

清康熙、雍正、乾隆三朝，承平盛世甚久，胥吏因社會繁榮而日增，前述田文鏡總督衙門即足代表。

清代於胥吏，既額設而無俸，聽任舞弊，視若無睹，終至病入膏肓，自取滅亡，且禍延現代政治，實爲不能想像之事。〔註63〕

（三）幕　友

總督爲清代地方最高軍政長官，其政務性的幕友相當重要，與州縣事務性的刑名、錢穀師爺有異。

〔註61〕《光緒大清會典》，卷十二。

〔註62〕《欽定大清會典事例》，卷一百四十八。

〔註63〕繆全吉《清代胥吏研究計劃》，嘉新研究論文第一四八種《明代胥吏》特錄，1969年，頁282。

當然，總督衙門中亦有刑名、錢穀、賬房等辦理事務之幕賓，但較重要的是專司章奏與參與決策之政務性幕友。

尤其晚清，總督軍務繁忙，又要辦理洋務，所以戎幕與洋幕成為最重要的參謀顧問。〔註64〕

另清末各總督亦設有各種特殊機構，由幕友主持，如發審局、書局、釐捐局、善後諸局及洋務各局等。當然各處總督因環境各異，各特殊機構亦有無不一，大部分都因事而設，事畢即裁。

總督與幕友非長官部屬關係，而是待幕賓為師友，雙方為賓主關係。幕友因此也稱幕賓，因其非政府官吏，故辦事只對總督負責。幕友應聘之後即赴衙辦公，習慣上有傳統之規律，往往到館之後，即足不離總督身旁，處理案牘，周防嚴密，雖係私人賓主關係，必須對總督任務絕對負責。總督得有幹練之幕友，可以事半功倍，無須為衙內事務煩心。故凡有操守有才能之幕友，常享盛譽而為大吏所爭聘。這類幕友不僅為其東主任勞負責，且可貢獻政見，為東主之諍友。幕友在地方行政機構中，其實權與影響力極大。幕友的脩金大約每月銀數十兩，出自總督私有之收入，大部分是出自養廉銀中。除常規束脩外，尚有贄敬、年節敬、席敬、贐敬、酬贈之敬等諸項收入。〔註65〕

清初，雍正時期，河東總督田文鏡之幕友烏思道，另浙江總督李衛之幕友魯錦、田李二人為當時三大名總督之二，〔註66〕而烏魯二人則為當時最有名之幕友，成為當時之美談。

但清初幕友為絕意進取之人，拜師學藝，世守其業，擅長於吏務，尤其明曉律例，將才學貢獻於東主。

清晚葉，一般總督都攜有許多幕友，在這些幕友中出了不少人才，幕府成為培養大吏之所。如咸豐、同治年間，兩江總督曾國藩之幕友，有許多後來成為總督、巡撫者。其中最有名的就是李鴻章。〔註67〕

（四）長　隨

長隨又稱門丁或家丁。前面所述之胥吏為土著之人，名額有定，進退有

〔註64〕繆全吉《清代幕府人事制度》，中國人事月刊社，台北，1971年，頁53～54。

〔註65〕同上書，頁196～198。

〔註66〕《清史稿》，卷三百一，列傳八一，田文鏡傳。乾隆五年，上諭曰：「鄂爾泰、田文鏡、李衛皆皇考（世宗雍正皇帝）所最稱許者，其實文鏡不及衛，衛又不及鄂爾泰，而彼時三人素不相合……」另見本文註45。

〔註67〕姜穆《曾國藩的幕僚群》，黎明文化事業公司，台北，1987年，頁97。

程。長隨門丁則例隨主官，類多來自其他省縣，其人數多寡及其去留，一惟總督之意旨。

長隨門丁因不在編制之內，不由國家給領工食，乃總督自雇者，人數不定，約百餘人左右。

總督在任地，因人地生疏，不能信任土著胥吏，又不能親自監督這些人；故長隨赴官，使其控制監督胥吏。長隨既非土著，自不受人情包圍，對地方事務又無個人利害；總督熟識其爲人，自可予信賴。倘總督心貪污，則長隨自可爲居間人。〔註68〕

長隨門丁實際上能否監督胥吏？就一般而言，適得其反，自行或勾結胥吏，收受陋規或訛索。〔註69〕

總督指派長隨監督重要衙務，如收呈、監印等工作。最重要者爲門政，亦稱司閽、門丁、門上或門子等。其職務在於收呈文和其他公文，召喚胥吏，士紳求見時執帖。因門政侍奉總督左右，狐假虎威，作威作福，且以受呈爲其職務，最爲肥缺，一般稱之爲大爺、二爺。〔註70〕

二、河道總督之僚屬

（一）河　標

河道分爲江南河道及河東河道兩總濬，各統轄河標三營，專司河防。

由於河道各總督，職責爲各河蓄洩、疏濬及隄防之事，故其河標之中軍副將及游擊、都司、守備等官，除守衛總督衙門外，必須支援催護工程、管理塘務及守汛防險等事。〔註71〕

（二）胥吏、幕友、長隨

這三種助理人員，亦和直省總督一樣，衙門內事務之處理，委由他們負責。書吏員額爲各河道二十員，但仍不敷所需，多有超額。另其他河務之官，如管河同知、通判、巡檢及閘官等屬非衙門內之僚屬。

〔註68〕T' UNG-TSU CH'U 《Local Government in China Under the Ch'ing》, Stanford University Press. 1978 年，頁 74。

〔註69〕同上書，頁 87。

〔註70〕陳天錫《清代不成文之幕賓門丁制度》，繆全吉《清代幕府人事制度》附錄一，頁 278。

〔註71〕永瑢《歷代職官表》，卷五九，頁 1634。

三、漕運總督之僚屬

（一）漕　標

漕標三營，掌催護糧，設漕標副將一人，所屬中營都司一人，守備二人；左營都司一人；右營游擊一人；管理塘務一人；左右哨千總四人，把總十人。〔註72〕

（二）胥吏、幕友、長隨

漕運總督之書吏員額亦為二十員，也不敷所需，時有超額。

幕友方面，因漕運總督和河道總督，二者皆為專業性主管，其幕友亦屬專業者多，以能協助總督處理業務。

長隨亦隨總督去留，為不可或缺之輔助人員，滿人稱長隨侍奉為戈拾哈。〔註73〕

另有管糧同知及押運同知通判等非衙門內之僚屬。

〔註72〕永瑢《歷代職官表》，卷六十，頁 1663。
〔註73〕戈拾哈又稱戈什哈，滿洲語，侍奉人員之意。

附錄五 《清史稿兵志》中總督相關史料節錄

壹、綠 營

　　綠營規制，始自前明。清順治初，天下已定，始建各省營制。綠營之制，有馬兵、守兵、戰兵。戰守皆步兵。額外外委皆馬兵。綜天下制兵都六十六萬人，安徽最少，閩、廣以有水師故最多，甘肅次之。綠營隸禁旅者，惟京師五城巡捕營步兵。將軍兼統綠營者惟四川。有屯兵者惟湖南、貴州。其新疆之綠營屯防，始乾隆二十五年，由陝、甘陸續移往駐防。各省標兵規制，督撫得隨時疏定。綠營戰功，自康熙征三藩時，用旗、綠兵至四十萬，雲、貴多山地，綠營步兵居前，旗兵繼之，所向輒捷。其後平定準部、回疆、金川，咸有勛績。乾隆四十六年增兵，而川、楚教匪之役，英、法通商之役，兵力反遜於前。迨粵寇起，廣西綠營額兵二萬三千，士兵一萬四千，遇敵輒靡。承平日久，暮氣乘之，自同治迄光緒，疊經裁汰，綠營之制，僅存而已。

　　定山東官兵經制，設河道總督，標兵分中、左、右三營，設副將或遊擊以下將領八，兵凡三千，備河防護運。初，山東與直隸、河南共一總督，康熙元年，設山東提督，尋並裁去，以巡撫兼任。

　　山西、江南、陝西官兵經制，並於順治二年定之。山西設宣大總督及巡撫，督標分中、左、右三營，撫標分左右營，各將領八，兵凡二千。設太原、平陽二協副將及協標官兵。設汾州等營參將、遊擊、守備，分領營兵。十三年，裁宣大總督。

　　江南設漕運總督，江蘇、鳳廬二巡撫，標兵及左右營如制，將領九或八人，兵共四千有奇，並設奇兵營、游兵營。

　　陝西初設川陝總督，并轄四川兵，標兵分五營。別設西安、延綏、甘肅、寧夏四巡撫，標兵各分左右營，將領略如諸省。康熙時，迭改川陝總督，並轄山、陝、甘。尋改川陝甘總督。乾隆間，甘肅分設總督，以四川總督兼轄陝西兵，爲川陝總督，復改陝甘總督。

　　先是河南與直隸、山東共一總督，兼轄河南官兵。其後或專設河南總督，或裁改之。

　　湖廣設總督，標兵分中、左、右營，將領各八，兵凡三千人。

　　康熙初，并湖廣總督爲川湖總督。其後四川總督不轄湖廣，復設湖廣總督。

　　川陝總督駐陝西，兼轄四川十四年。嗣設四川總督，駐重慶府。其間或并爲川湖總督，駐荊州九年，移駐重慶十九年。或云川陝甘，或云川陝，遷改靡常。至乾隆間，定爲四川總督。

　　順治五年，定浙江官兵經制。設總督，標兵分三營，設副將或遊擊將領各八，兵共三千。

　　先是設浙江總督，其後改稱閩浙，兼轄福建，裁改不常。雍正間，定爲閩浙總督。

　　十年，定兩廣總督標兵分五營，中營設將領八，左、右、前、後營共將領八，兵凡五千。國初置兩廣總督，康熙二年，專轄廣東，四年，兼轄兩廣，雍正元年，復專轄廣東，十三年，仍兼轄兩廣。

　　順治十六年，定雲、貴官兵經制。設雲貴總督，標兵分中、左、右、前四營，中營設將領八，餘三營將領八，兵凡四千。

　　國初雲貴總督，兩省互駐。康熙元年，分置兩省總督，自後或改或併。迨乾隆中，仍定爲雲貴總督。此直省綠營初制也。

　　凡巴里坤、烏魯木齊將領官兵，歸陝甘總督統屬。乾隆四十一年，大小金川平，新入版圖，屯兵駐守，制同內地，設懋功、綏靖、崇化、撫邊、慶寧等營，置遊擊、守備等官，兵共二千六百有奇。四十九年，以陝甘總督福康安言，甘肅原設額兵五萬六千六百人，陝西額兵三萬四千五百九十人，迭經移駐裁併，存兵五萬五千九百餘，減原額過半。嗣增兵萬二千七百餘，合舊存兵額凡七萬人。

同治元年，諭專設總督之直隸、江南、四川、甘肅及督、撫同城之福建、廣東、湖北由總督會同提督節制。

咸豐元年，曾國藩疏言：「八旗勁旅，以強半翊衛京師，以少半駐防天下，而山海要隘，往往布滿，其額數常不過三十五萬。綠營兵名爲六十餘萬，其實缺額常六、七萬人。乾隆中葉，增兵議起。向之空名坐糧，悉令補足，一舉而增兵逾六萬。經費驟加，大學士阿桂爭之不得。至嘉慶、道光間，帑藏之漸絀，思阿桂之遠慮，特詔裁兵，而兩次所裁僅一萬六千。請飭各省留強汰弱，復乾隆初制。」諭如所請，命各督、撫分三年裁復舊額，所裁之數，年終彙陳，不得再有空糧之弊。

直隸總督統轄督標四營，節制一提督、七總兵，兼轄保定城守，熱河喀喇沁，吉林、奉天捕盜，永定河、運河等營。

督標四營。（左營，右營，前營，後營。）保定城守等營。（新雄營，涿州營，拱極營，良鄉營，中路，東路，南路，西路，北路，張家口，獨石口。）熱河喀喇沁等營。（烏蘭哈達，塔子溝，承德府，平泉州，三座塔，多倫諾爾廳。）吉林捕盜營。（寶州廳，五常廳，敦化縣，雙城廳，伊通州。）奉天捕盜營。（昌圖府，新民廳，海城廳，承德縣，開原縣，鐵嶺，遼陽州，錦縣，寧遠州，義州，廣寧縣，蓋平縣，復州，金州廳，懷德縣，奉化縣，唐平縣，海龍廳，鳳凰廳，安東縣，寬甸縣，懷仁縣，通化縣，興京，岫巖州。）永定河、運河等營。（北運河務關廳，楊村廳，通惠河漕運廳，南運河。）

兩江總督統轄督標二營，節制三巡撫、一提督、九總兵，兼轄江寧城守一協、揚州、鹽捕二營。

督標（中營、左營，江寧城守協左、右兩營，奇兵營，青山營，浦口營，溧陽營，瓜州營，揚州營，鹽捕營。）

漕運總督統轄各衛所外，復統轄旗、綠、漕標三營，兼轄淮安城守等營。

漕標（中營、左營、右營，淮安城守營，海州營，鹽城水師營，東海水師營。）

閩浙總督節制二巡撫、三提督、十二旗，統轄督標三營，兼轄撫標二營、南臺水師營。督標三營。（中營、左營、右營，撫標左營、右營，南臺水師營。）

湖廣總督節制二巡撫、二提督、五鎮，統轄督標三營。

督標（中營、左營、右營。）

陝甘總督節制二巡撫、三提督、十一鎮，統轄督標五營。

督標　（中營、左營、右營、前營、後營。）

四川總督節制一提督、四鎮，統轄督標三營。

督標　（中營、左營、右營。）

兩廣總督節制二巡撫、三提督、九鎮，統轄督標五營，兼轄本標水師、綏瑤等營。

督標　（中營、左營、右營、前營、後營，督標水師營，綏瑤營。）

雲貴總督節制二巡撫、二提督、十鎮，統轄本標三營，兼轄曲尋協、雲南城守、尋霑等營。

督標　（中營、左營、右營，曲尋協左營、右營，雲南城守營，尋霑營。

貳、防軍　陸軍

防軍初皆召募，於八旗、綠營以外，別自成營，兵數多寡不定，分布郡縣，遇寇警則隸於專征將帥，二百年間，調發徵戍，咸出於此。若乾隆年臺灣之役，乾、嘉間黔、楚征苗之役，嘉慶間川、陝教匪之役，道光年洋艘征撫之役，皆暫募勇營，事平旋撤。故嘉慶七年，楚北初設提督，即以勇丁充補標兵，道光十七年，以練勇隸於鎮篢鎮標，二十三年，以防守海疆之水陸義勇三萬六千人仍遣回本籍，無防、練軍之名也。道、咸間，粵匪事起，各省多募勇自衛，張國樑募潮州勇丁最多。咸豐二年，命曾國藩治湖南練勇，定湘軍營哨之制，為防軍營制所昉。迨國藩奉命東征，湘勇外益以淮勇，多至二百營。左宗棠平西陲，所部楚軍亦百數十營。軍事甫定，各省險要，悉以勇營留防，舊日綠營，遂同虛設。綠營兵月餉不及防勇四分之一，升擢擁滯，咸辭兵就勇。粵、捻既平，左宗棠諸臣建議，防營誠為勁旅，有事則兵不如勇，無事則分汛巡守，宜以制兵為練兵，而於直隸、江、淮南北扼要之處，留勇營屯駐，遂有防軍之稱。

練軍始自咸豐間，以勇營日多，屢令統兵大臣以勇補兵額，而以餘勇備緩急，尚無別練之師。至同治元年，始令各疆吏以練勇人數口糧，悉數報部稽核。是年於天津創練洋槍隊。二年，以直隸額兵酌改練軍。四年，兵部、

戶部諸臣會議選練直隸六軍，始定練軍之名。各省練軍乃踵行之。練軍雖在額設制兵內選擇，而營哨餉章，悉準湘、淮軍制，與防軍同。其綠營制兵，分布列郡汛地，練軍則屯聚於通都重鎮，簡器械，勤訓練，以散爲整，重在屯防要地，其用亦與防軍同，故練軍亦防軍也。

八年，曾國藩以軍事既竣，宜練兵不宜練勇，而勇營良法爲練軍所當參用者，一、文法宜簡，一、事權宜專，一、情意宜洽。減兵增餉，汰弱留強，嚴杜頂替之弊。

馬新貽以江南全省額兵一萬二千七百餘人，分防各處，徒有其名，必須化散爲整，始能轉弱爲強，乃於督標內選千人爲左右營，浦口、瓜洲營內選五百人爲中營，揚州、泰州營內選五百人爲中營，揚州、泰州營內選五百人爲前營，駐省城訓練，於徐州鎮標內選千人爲徐防新兵左右營，以地方之輕重，定練兵之多寡。

九年，曾國藩於直隸省增募馬勇千人，分爲四營，原有額兵，增足萬人，分練馬隊、步隊，奏定各營哨之制，及底餉、練餉、出征加餉之制，爲北方重鎮。

十二年，令陝甘督臣左宗棠、雲貴督臣岑毓英各選所部勇丁，以補營兵之額。是時中外臣工皆注意練兵。李宗羲謂勇與兵有主客聚散勤惰之異，未可易勇爲兵。王凱泰謂各省練兵，宜令更番換防，雲、貴蕩平以後，兩省制兵亦宜換防調操，以杜久駐疲惰之漸。

參、鄉 兵

鄉兵始自雍、乾，旋募旋散，初非經制之師。嘉慶間，平川、楚教匪，鄉兵之功始著。道光之季，粵西寇起，各省舉辦團練，有駐守地方者，有隨營征勦者。侍郎曾國藩以衛、湘團練討寇，練鄉兵爲勇營，以兵制部勒之，卒平巨憝，其始皆鄉兵也。而邊徼之地，剿有鄉兵。其在東三省者，則寧古塔以東之赫哲部、克雅克部，混同江東北之鄂倫春部，不設佐領，惟設鄉兵姓長。其在黑龍江者，有打牲人，在江以南之錫伯、卦勒察，江以北之索倫、達瑚爾，則附屬於滿營。在蒙古者，蒙兵而外，有奇古民勇。在山、陝邊外者，有番兵，有僧俗兵。在四川、雲南、貴州邊境者，有夷兵，有土司兵，有黑倮勇丁。在西藏者，有藏番兵。皆與內地鄉兵不同，故不詳。其各直省之鄉兵，曰屯練，曰民壯，曰鄉團，曰獵戶，曰漁團，曰沙民。額數之多寡

不齊，器械之良窳不一，餉章之增減不定，良以聚散無恆，故與額兵迥異，無編制之可紀。茲特志其始末於後焉。

雍正八年，鄂爾泰平西南夷烏蒙之亂，調官兵萬餘人，鄉兵半之，遂定東川，是為鄉兵之始。

乾隆三十八年，用兵小金川，定邊將軍溫福、定西將軍阿桂疏言，調滿洲兵道遠費重，不如多用鄉兵，人地相宜。四川鄉兵，以金川屯練為強，自平定金川以後，設屯練鄉兵，其糧餉倍於額兵，分屯大小金川兩路，春夏訓練，秋冬蒐獵，有戰事則搜剿山路，退兵則為殿後之用。

嘉慶初，苗疆事起，傅鼐以鄉兵平苗，功冠諸將。詔以鼐總理邊務，令各省督撫以鼐練鄉兵之法練官兵。川、楚教匪之役，官兵征討，而鄉兵之功最多。

旋兩江總督曾國藩覆陳：「團練之設，只能防小支千餘之游匪，不能勦大股數萬之悍賊。其練丁口糧，若太多，則與募勇之價相等，不必僅以團名，若太少，則與官勇之餉迥殊，不能得其死力。其團防經費，若取諸丁、漕、釐、捐四者之中，則有礙督撫籌款之途；若設法四者之外，則更無措手之處。事權既無專屬，剛柔實覺兩難。晏端書在江北不設餉局，但勸各邑築圩自保，龐鍾璐在江南激勸鄉民，俾知同仇敵愾之義，辦理極有斟酌。今之賊勢，決非鄉團所能奏功。應俟賊氣稍衰，大功將成，然後辦團練以善其後。晏端書、龐鍾璐二員，清操雅望，內任最宜。應請裁去團練差使，回京供職。」疏入，允之。

同治元年，諭：「鄉團之設，原以使民自衛身家，藉可保全地方，以輔官兵。前因各路辦理團練大臣隨帶多員，任意騷擾，有害無利，是以陸續裁撤，仍責令地方官切實經理。乃邇來統兵大員，守土牧令，或恐其分餉而輕為裁撤，或疑其無益而親為具文，於是民心不固，盜賊橫行，所過州縣村莊，動遭劫掠，是又地方官不能因地制宜舉行團練之所致，因噎廢食，貽誤殊多。嗣後各省團練，仍由督撫通飭各州縣，選公正紳士，實力興辦。務使官不掣肘，民悉同心，城市鄉村，聲勢聯絡。其有認真辦理保全地方者，將其實在勞績，聲明保獎。」

光緒六年，兩廣總督張之洞募沙民千人助守虎門，楊玉科增募千人及惠清營五百人，鄭紹忠募安勇二千人，所募鄉兵，以防勇規制編之。是年，命黑龍江將軍於增練馬隊外，秋冬之季，招集打牲人等，加以訓練。

八年，兩江總督左宗棠以江蘇沿江海州縣捕魚爲業者甚多，於內江外海風濤沙線無不熟諳，而崇明尤爲各海口漁戶爭趨之所。其中有技勇而悉洋務者，所在不乏。外洋船駛入內江者，每用漁戶爲導。江蘇自川沙迄贛榆二十二州縣，濱臨江海，漁戶約數萬人。乃令蘇松太道員爲沿海漁團督辦，於漁戶每百人中，選壯健三十人，練漁團五千名，設總局於吳淞口，設分局於濱海各縣，每月操練二次，習水勇技藝，用以捕盜緝私，兼備水師之選。

十一年，雲貴總督岑毓英釐定雲南通省營制，倮黑勇丁，編爲六營，西南土防，編爲二十五營。又因雲南沿邊，由西而東南，皆野人山寨，布列於九隘之外，乃調兵二千人，與原有防軍及鄉團土司，協力警備。督辦廣東軍務大臣彭玉麟以欽州、廉州地廣兵單，招募鄉團協守。

三十一年，兩廣總督李經羲增練防營，並募土著鄉兵，備廣西邊境。